KB210696

타협의 거센 바람

타협의 거센 바람

지은이 | 이재만
초판 발행 | 2017. 3. 20.
9쇄 발행 | 2023. 11. 9
등록번호 | 제1988-000080호
등록된 곳 | 서울특별시 용산구 서빙고로65길 38
발행처 | 사단법인 두란노서원
영업부 | 2078-3352　FAX | 080-749-3705
출판부 | 2078-3331

▮ 책 값은 뒤표지에 있습니다.
ISBN 978-89-531-2818-7　03230

▮ 독자의 의견을 기다립니다.
tpress@duranno.com　www.duranno.com

두란노서원은 바울 사도가 3차 전도여행 때 에베소에서 성령 받은 제자들을 따로 세워 하나님의 말씀으로 양육하던 장소입니다. 사도행전 19장 8–20절의 정신에 따라 첫째 목회자를 돕는 사역과 평신도를 훈련시키는 사역, 둘째 세계선교TIM와 문서선교단행본 · 잡지 사역, 셋째 예수문화 및 경배와 찬양 사역, 그리고 가정 · 상담 사역 등을 감당하고 있습니다. 1980년 12월 22일에 창립된 두란노서원은 주님 오실 때까지 이 사역들을 계속할 것입니다.

타협의 거센 바람

이재만 지음

두란노

/ 차례 /

PART 2 타협의 기준과 점검

PART 3 타협의 거센 바람

01 유신론적 진화론

다시 성경으로

1517년 마르틴 루터는 독일의 비텐베르크 교회 출입문에 면죄부와 연보가 구원과 관계없으며, 교황이 죄를 사할 권한이 없다는 것 등 95개 조항을 내걸었다. 루터의 종교개혁은 "오직 의인은 믿음으로 말미암아 살리라"(롬 1:17)의 성경 말씀에 대한 순종이었다. 구원 받는 기준을 허물 많은 사람의 의견에서가 아니라 성경에서 찾아야 한다는 간절한 외침이었다.

마르틴 루터 한 사람의 바른 지각과 용기는 참으로 여러 사람들을 성경으로 돌아오게 했으며 구원의 열매를 맺게 했다. 루터는 살아생전에 '오직 믿음, 오직 은혜, 오직 성경으로'를 외쳤다. 그러나 안타깝게도 종교개혁 이후 500년이 흐른 지금 유럽 교회는 마르틴 루터가 가졌던 성경에 대한 믿음과 용기대신 교인 없는 텅 빈 건물만 남아 있을 뿐이다.

세월이 흐르며 종교개혁 정신이 희미해지다 보니 어쩔 수 없이 이런 상황에 이르게 되었다고 생각할지도 모른다. 그러나 역사를 면밀히 살펴보면 유럽 교회가 성경에 대한 거센 도전을 받았을 때 어떤 자세를 취했는지 그 뚜렷한 흐름을 볼 수 있다. 그 자세는 다름 아닌 '타협'이다.

최근 창조과학 사역을 할 때 거의 빠지지 않고 받는 질문 하나가 있다. 유신론적 진화론이나 다중격변설과 같은 타협이론에 관한 질문이다. 타협이론이란 '고생대, 중생대, 신생대 식의 수십억 년 지질시대를 거치며 진화와 멸종이 반복된 진화 역사를 성경과 섞어서 설명하려는 이론'을 말한다. 그러나 중요한 사실을 알아야 한다. 이 지질시대는 지구상 어딘가에 존재하는 것이 아니다. 단지 진화 역사가 과거에 있었다는 전제 하에 화석들을 진화의 순서로 책에 모아 놓은 가상의 역사다.

타협이론은 교회 밖에서 만든 것이 아니라 교회 안에서 진화 역사를 사실로 놓고 성경 역사를 바꾼 것이다. 타협이론은 수십억 년의 지질시대 역사를 사실로 보기 때문에 창조, 타락, 홍수심판, 바벨탑으로 이어지는 성경을 거짓 역사로 만들어 버린다. 그러므로 이를 받아들이면 크리스천은 성경에 대한 신뢰를 잃어버릴 수밖에 없다. 또한 오랜 기간 동안 진화와 멸종이 되었음을 인정함으로써 전능하시고, 전지하시고, 거룩하시고, 선하신 하나님의 성품과 능력을 손상시킨다. 더 심각한 것은, 예수 그리스도의 복음도 변질시킨다는 것이다. 첫 사람 아담의 존재를 왜곡시킴으로 마지막 아담으로 오신 예수님을 부인하게 하며, 죄가 이 세상에 들어오기 이전에 이미 죽음이 존재했다고 해야 하므로 죄를 대속하신 예수님이 회복하실 천국을 모호하게 만든다.

무엇보다 큰 문제는 타협이론을 받아들일 경우 다음 세대가 교회를 떠나버린다는 것이다. 믿음의 근거인 성경을 부정하게 하기 때문이다. 과연 성경에 대한 믿음이 없다면 크리스천은 어디로 돌아갈 수 있을까? 우리보다 앞서 복음이 전파되었던 유럽이나 미국에서도 진화론이 보편화됨에 따라 타협이론이 대두되었으며, 이를 받아들인 교회들은 결국 한결같이 다음 세대를 잃어버렸다.

최근 타협이론에 대한 질문이 증가하고 있는 이유는 한국에서도 이와 관련된 몇 권의 책이 출판되었고, 신학교와 교회에서 이를 주장하는 사람들의 강의가 열리고 있기 때문이다. 사실 타협이론이 최근에만 대두된 것도 아니다. 이미 수십 년 전부터 한국 교회 안에 존재했으나, 지금은 이를 주장하는 사람들이 아주 적극적이며, 이 이론들이 특히 젊은 세대에게 빠르게 확산되고 있다는 점에서 차이가 있다. 한마디로 타협의 거센 바람이 불고 있는 것이다. 따라서 이 시점에서 크리스천이 타협이론에 대한 성경적, 과학적 분별력을 갖추어야 할 필요성을 느꼈다. 이것이 이 책을 쓰게 된 첫 번째 동기이다.

타협이론의 확산은 교회에게 큰 위기 상황이다. 그러나 타협이론의 실제 모습과 한국 교회가 당면한 현실을 정확히 파악하여 적극적으로 대처한다면, 유럽과 미국의 전철을 밟지 않고 오히려 성경의 정확무오함과 복음을 더욱 분명하게 전할 수 있을 것이다. 이는 필자가 창조과학 프로그램에서 타협이론에 대한 문제점을 하나하나 적극적으로 지적했을 때, 참석자들이 타협이론이 과학적으로 얼마나 엉성하고 성경적으로 위배되는지 쉽게 이해하는 모습을 보면서 더욱 확신하게 되었다. 즉, 타협이론으로 발생된 위기가 다시 성경으로 돌아가는 기회가 된 것이다. 이 책도 이와 같은 역할을 하기 바란다. 이것이 이 책을 쓰게 된 또 다른 동기다.

이 책은 크게 세 단원으로 진행된다. 첫 단원인 '타협의 깊은 뿌리'에서는 타협 이론들이 등장하게 된 사고의 근본적 이유를 다루었다. 또한 각 이론들의 주장과 이들이 발생하게 된 역사적 배경을 소개하였다.

그 다음 단원인 '타협의 기준과 점검'에서는 크리스천들이 타협이론들을 어떤 기준으로 점검해야 하는지를 다루었다. 무엇보다 크리스천의 기본적 판단 기준인 성경과 타협이론들이 조화가 되는지 점검해 보았다. 성경에서 말하는 하나님의 성품과 능력, 복음, 과거를 알기 위한 방법을 통해 분별 가능하다. 그리고 타협이론들을 받아들였을 때 발생했던 결과들을 중심으로 이들의 공통된 오류들을 파악하였다.

마지막으로 '타협의 거센 바람'에서는 최근 한국에 등장한 '유신론적 진화론'과 '다중격변설'을 예로 들어 점검해 보았다. 두 이론을 채택한 것은 이들이 기존 타협이론들의 내용을 골고루 담고 있을 뿐만 아니라 한국 교회에서 등장했다는 점에서 피부에 훨씬 가깝게 닿을 것으로 여겨졌기 때문이다.

부록에서는 지질시대표가 등장하는 역사적 과정을 본문보다 자세히 설명하였다. 본문에 포함시키기에는 등장인물들이 너무 많아 자칫 책의 초점이 흐려질 수 있기에 뒤에서 다루었다. 지질시대표의 등장 역사에 대하여 더 구체적으로 알고 싶어하는 독자들에게 도움이 될 것이다. 또한 암석과 화석의 연대가 발표되기까지 그 과정 속에 들어있는 순환논리에 대하여 간단히 첨가하였다.

이 책이 나오기까지 많은 분들의 도움과 격려, 그리고 아낌없는 조언이 있었다. 특별히 기꺼이 추천해 주신 전 한동대학교 총장 김영길 박사님, 기독교학술원장 김영한 교수님, 안산동산교회 김인중 목사님, Southern California 신학대학원 안국환 목사님, 선한목자교회 유기성 목사님, 온누리교회 이재훈 목사님, 한동대학교 장순흥 총장님, 합동신학대학원대학교 조병수 총장님, 베이직교회 조정민 목사님, 몽골국제대학교 최보아스 교수님, 전 창조과학선교회장 최인식 집사님, 포항공과대학교 최호진 교수님, 한국창조과학회 한윤봉 회장님께 감사의 마음을 전한다.

또한 많은 분들께서 읽어 주셔서 어눌한 글이 훨씬 정확하고 분명한 글이 되었다. 글을 시작할 때부터 마칠 때까지 노휘성 사모님의 의견과 교정에 감사 드린다. 미시간주립대학교 정상협 교수님과 이충현 집사님의 교정, 그리고 비평함에 있어서 부족함을 도와 주신 부산대학교 최동규 교수님께 감사를 전한다. 8주간의 빡빡한 훈련 일정 속에서도 글을 읽어 주신 ITCM(Intensive Training for Creation Ministry, 창조사역 집중훈련) 7, 8기 훈련생들, 특별히 꼼꼼하게 다듬어 주신 김경민 자매님께 감사드린다.

또한 그동안 기도와 물질로 창조과학선교회를 후원해 주신 여러분들은 이 책을 끝까지 마칠 수 있는 중요한 동력이었다. 한 분 한 분 이름을 적지는 못하지만 늘 힘이 되어 주심에 진심으로 감사를 전한다.

아울러 늘 기도로 든든한 버팀목이 되어 주신 부모님과 누님들, 그리고 사역으로 인해 한 해의 대부분을 집밖에서 보내지만 늘 기도와 격려로 내조해 준 아내 향배, 그리고 두 딸 은지, 은실에게 무한한 고마움을 전한다.

2017년 3월

이재만

과학과 신앙의 긴장을 틈타고 들어온 진화론의 거센 물결이 진리를 혼탁하게 만들고 있다. 이재만 선교사는 진리의 전쟁터로 부르심을 받은 사역자다. 놀랍게도 그는 이 짧은 책에서 매우 깊이 있는 역사적 논쟁을 파헤치고 있다. 묵상과 적용과 체험에서 비롯된 확신이 있기에 가능한 일이라고 생각한다. 데카르트의 유명한 명제를 성경적 기초 위에서 뒤집어엎는 설명은 그 누구보다 탁월하며 시의적절하다. 어떻게 해서라도 성경의 사실성을 무너뜨리려는 진화론의 여러 가지 가면들을 '타협'이라는 단어를 사용해 파헤치며 창조를 증거하는 논리력은 하나님께서 주신 지혜라고 믿는다. 이 책을 통해 한국 교회가 창조의 변함없는 사실성에 기초한 확신을 가지고 과학이라는 이름으로 변장된 불신을 지혜롭게 극복해 나갈 수 있기를 소망한다.

이재훈(온누리교회 담임목사)

이재만 선교사는 탁월한 지질학적 지식과 성경적 지식을 갖추고 있을 뿐만 아니라, 그의 가슴에는 하나님의 사랑에 대한 뜨거운 감격이 살아 있다. 그와 함께했던 창조과학탐사에서 우리가 살아가는 지구 곳곳에 새겨 보여 주시는 하나님의 은혜와 사랑의 깊은 흔적을 체험할 수 있었다.《타협의 거센 바람》에서도 그의 뜨거운 열정과 '하나님 사랑, 이웃 사랑'의 정신을 느낄 수 있다.

성경은 처음부터 끝까지 완전하신 하나님의 사랑을 보여 주는 책으로 나는 주로 성경을 5C(Creation[창조] - Crime[범죄] - Christ[예수님] - Church[교회] - Consummation[완결])로 요약하여 전도에 힘쓰고 있다. 하나님의 형상대로 우리를 지으시고 인간을 위해 아름다운 피조물들을 창조해 주신 크신 사랑, 하나님 사랑을 잊은 인간의 타락과 범죄, 우리의 구원을 위해 이 땅에 오시고 십자가에 죽으신 예수님의 크신 사랑, 하나님 사랑과 이웃 사랑을 위해 반석 위에 세우신 교회, 예수님의 재림을 통해 완전하신 구원을 이루시기까지 하나님의 사랑은 계속된다. 이 책을 통해서 뜨거운 하나님의 사랑과 창조에 대한 확신을 만나보게 될 것이다.

장순흥(한동대학교 총장)

진화론의 거센 바람이 교회 안에까지 들어와 성경 해석의 틀을 진화론으로 바꾸려는 시도들이 불일 듯 일어나고 있다. 나는 크리스천 과학자로서 심히 근심하지 않을 수 없다. "보시기에 좋았더라"고 하시는 하나님의 말씀을 정면으로 뒤흔드는 타협이론에 대해 깊은 우려를 감출 수 없다. 이재만 선교사는 이 책을 통해 하나님께서 성경에 기록하신 것처럼 말씀으로 창조하셨음을 증거하고 있으며, 타협이론의 허점을 논리적으로 짚어 주고 있다. 이 책을 통해 창조신앙을 굳건히 하고, 신트로피로 하나님의 창조 질서를 회복하기를 기도한다.

김영길(한동대 초대총장, 《신트로피 드라마》 저자)

지질학자인 저자는 검증되지 않은 비과학적인 지질시대표를 무비판적으로 받아들이는 오늘날의 상황을 정면으로 비판한다. 또한 계몽주의 사고의 틀에서 등장한 지질시대표가 순환논리적 모순을 드러내고 진화론 역시 허황된 공중누각에 서 있음을 효과적으로 설명하고 있다. 아울러 이 지질시대표가 지질학과 생물학의 진화론적 통합이자 동일과정설과 진화론의 합작품임을 논리적으로 풀어나간다. 이러한 논리적 비판은 지질학에 대한 저자의 폭넓고 해박한 지식을 통해 드러난 가장 예리한 통찰이다. 저자의 이런 설명은 기독교 신앙조차 상대화하려는 지성인들에게 성경에 입각한 정통 신앙을 유지할 것을 권하는 참신한 제안이다.

특히 환영할 일은, 최근 한국에 등장한 타협이론의 저서들이 젊은 지성인들의 신앙을 혼란케 하는 상황에서 이 책이 출간되었다는 점이다. 유신론적 진화론의 문제뿐 아니라 지질시대에 수많은 격변적 사건을 끼워넣으며 딜레마를 해결하려는 다중격변설이 오히려 더 많은 성경적 딜레마를 유발한다는 지적도 중요하다. 저자는 타협이론이 진화론에 성경을 꿰맞춤으로써 결국 성경과 기독교를 말살하고 교회와 복음을 혼란에 빠뜨린다고 경고하고 있다. 또한 그는 이 책에 자신의 지질학적 지식과 성경적 계시에 대한 깊은 신뢰를 바탕으로 창조론에 대한 참신한 변증을 담아냈다. 저자가 보여 준 신앙에 대한 열정과 학문 추구의 태도는 오늘날 젊은 그리스도인들이 닮아야 할 귀감이라 생각한다.

김영한(기독교학술원장/숭실대 기독교학대학원 설립원장/한국개혁신학회 초대회장)

끊임없이 어두워져만 가는 세상에 견고한 확신을 가지고 빛을 비추는 하나님의 사람이 그 어느 때보다 소중하게 느껴지는 시기다. 이재만 선교사와 함께 수차례 창조과학탐사에 참여할 때마다 터질 것 같은 나의 마음을 감당하기 어려웠다. 어둠의 거센 바람을 거스르는 그 감격스러운 창조의 이야기를 이제 많은 독자들과 함께 나눌 수 있다는 것이 다시 한 번 나의 가슴을 뛰게 한다. 이 책을 통해 창조주 하나님을 경외하는 밝은 빛이 모든 어두운 곳을 비추기를 기도하며 소망한다.

김인중(안산동산교회 원로목사)

진화론은 생물학적 이론에서 출발했지만 점차 그 영향력을 사회학, 정치학 그리고 신학 등 다른 영역에까지 확대해 왔다. 확실하게 증명되지 않은 한 이론이 이렇게 진리처럼 세계의 과학계와 사상계를 지배한 경우는 드물 것이다. 특히 최근 몇 해 사이에는 진화론을 하나님의 창조 방법으로 이해하려는 시도로서 다양한 타협이론들이 등장해 호응을 얻고 있다. 이는 진화론적 세태에서 하나님을 버릴 수 없는 사람들에게 매력적인 이론이기 때문이다. 그러나 이 이론은 진정한 진화론자와 참된 그리스도인 둘 다 만족시킬 수 없을 뿐만 아니라 오히려 두 입장 모두에 어울리지 않는다. 타협이론은 정상적인 성경 해석, 곧 성경에서 이론이 나오기보다 기존 진화론 이론을 성경으로 합리화하려는 시도다. 진리는 그 속성상 비진리에 대해 독선적이다. 하나님께서 계시거나 안 계시거나 둘 중 하나다. 존재하시는 하나님이 하나님의 존재를 부인하는 진화론을 도구로 사용하실 수 있을까? 이 책은 이런 부분에 대한 이해 부족으로 혼란을 겪고 있는 사람들에게 분명한 답을 제시해 줄 것이라 믿는다.

안국환(미국 Southern California Seminary 교수, 선교학 박사)

성경의 진리를 대적하는 사상 중에 가장 강력한 것이 진화론이다. 하나님께서 천지를 창조하셨다는 성경의 첫 메시지를 부인하기 때문이다. 그러나 현대 사회는 진화론을 진리로 받아들이고 있다. 그리스도인들도 사회구성원이기에 이 문제는 여간 곤혹스러운 것이 아니다. 그래서 하나님께서 진화를 사용하여 세상을 만드셨다는 이론도 생기게 된 것 같다. 한편으로는 이렇게 해서라도 성경의 진리를 지키려는 시도라고 여겨진다. 그러나 그것이 옳다면 하나님이 약한 자를 택하여 쓰신다는 말씀과 모순된다.

진화론은 어떤 형태든지 강자가 선인 사상으로서, 이에 따르면 약자는 도태되는 것이 인류에게 유익하다. 정말 무서운 사상이다. 세계 역사의 모든 악이 이런 사상에서 나왔다. 성경에서 보여 주시는 하나님과 완전히 반대다. 하나님의 창조를 믿는다는 것은 하나님께서 약한 자도 지으셨음을 믿는 것이다. 뿐만 아니라 약한 자를 더 귀히 여기시고, 우리도 그들을 사랑하게 하신다는 것이다.

이재만 선교사를 만나고 받은 감동은 하나님의 창조에 대한 확신과 하나님께서 창조하신 세상에 대한 열정이었다. 많은 성도들이 창조과학 탐사에 참석한 후, 하나님의 존재에 대해 확신하는 것을 보고 감동을 받았다. 이 책을 읽는 이들도 하나님의 말씀인 성경이 진리임을 깨닫고 창조주 하나님에 대한 확신이 생기기를 기도한다.

유기성(선한목자교회 담임목사)

교회의 위협은 외부에 있는 것이 아니라 내부에 있다. 밖에서 아무리 북을 치고 나팔을 불어대도 내부적으로 확신이 있으면 큰 문제가 되지 않는다. 하지만 확신이 없으면 밖에서 바스락거리는 소리만 들려도 마음이 흔들리고 만다. 교회를 무너뜨리려는 교회 밖의 세속 정신은 언제나 있었고, 세속 정신에 타협하려는 교회 안의 움직임도 언제나 있었다. 이 책은 세속 정신이 무엇인지 간명하게 밝히고, 또한 그에 대한 교회의 타협이 무엇인지도 있는 그대로 보여 주고 있다. 이렇게 함으로써 교회가 과학의 이름으로 위장된 세속 정신을 거절할 수 있도록 도와주며, 세속 정신 때문에 흔들리지 말고 성경의 가르침에 따르는 확신을 갖도록 도와준다. 세속 정신과 타협하지 않는 힘은 오직 하나님의 절대 계시인 성경에 대한 확신에서부터 시작되기 때문이다.

조병수(합동신학원 총장)

진리는 거짓과 섞이지 않는다. 진리는 거짓으로 무너지지 않는다. 다만 가려질 뿐이다. 단지 거짓과 타협함으로써 왜곡된 진리로 곡해될 뿐이다. 진화된 거짓은 늘 유사진리의 얼굴로 다가온다. 저자는 진화론보다 타협이론이 왜 더 위험한지를 밝힌다. 믿음의 싸움은 끝을 향해 치닫고 있다. '타협의 거센 바람'이 '파멸의 거센 바람'이 되지 않도록 성경을 사수하려는 한 과학 선교사의 외침에 귀 기울여야 한다.

“진화의 반대는 창조가 아니라 성경이다.” 새 생명을 잉태할 수 없는 진화와 타협하는 이론에 쐐기를 박는 이 책이 우리 모두의 성경 곁에 놓여 있기를 바란다. 도대체 ‘무에서 유가 나오는 것’을 설명하지 못하는 인간의 사고에 왜 그토록 휘둘리는가?

조정민(베이직교회 목사)

타협은 하나님께서 지극히 혐오하시는 것이다. 무신론에 근거하여 교회와 사회에 엄청난 해악을 끼친 진화론과 이 진화론에 성경을 꿰맞추려는, 결과적으로 성경과 기독교를 말살시키려는 각종 타협이론이 교회를 혼란케 하고 성도들을 미혹시키고 있다. 이런 엄중한 시기에 꼭 필요한 책이 출간된 것을 하나님께 감사 드리며 저자인 이재만 선교사에게 격려를 보낸다.

이 책을 읽어 보면 과학이라는 탈을 쓴 사탄의 도구 ‘유신론적 진화론’과 ‘다중격변론’의 역사적 근원과 문제점들을 속속들이 파헤침으로써 한국 교회에 경종을 울리고 영적, 과학적, 사회적으로 얽힌 실타래를 풀어내는 시원함을 맛보게 된다. 이 책을 통해 한국의 신학교, 교회의 지도자들과 젊은 그리스도인들이 영적으로 건강해지고 하나님께 영광 돌리기를 간절히 기도하면서 이 책을 강력히 추천한다.

최보아스(몽골 국제대학교 외국어교육 대학원 교수)

죄가 들어오기 전에 사망이 있었다는 진화론의 주장은 사망을 완전히 처리한 십자가의 예수를 부정한다. 그들은 육일창조를 부정하며 하나님이 진화론을 통해 천지를 창조하셨다고 주장한다. 그 하나님은 분명 성경의 저자가 아니다. 창조주가 구세주이고 구세주가 곧 앞으로 오실 심판주 예수님이시다. 이 분명한 역사적 사실을 훼방하는 유신론적 진화론자들은 거짓 과학을 내세워 가련한 인생들이 복음에 접촉하지 못하게 막는 비겁한 회색 분자들이다.

그러나 이에 대한 해결책이 있다. 엄청난 정보력과 말씀에 대한 깊은 열정을 지닌 이재만 선교사가 우리 곁에 있기 때문이다. 그는 남다른 분석력으로 창조론과 진화론 사이에서 갈등하는 사람들에게 진리를 전한다. 한마디 덧붙이자면, 이번 책을 비롯해 그의 저서 모두를 읽어 보길 권한다. 그리고 창조과학탐사를 떠나 보라. 그러면 희미하던 모든 것이 환하게 보이고 진리를 통해 참으로 자유함을 얻게 될 것이다.

최인식(전 미국 창조과학선교회 회장, 의사)

이 책은 이재만 선교사의 열정과 비전 그리고 그의 사역의 발판이 되는 이론을 거침없이 기록한 역작이다. 인생의 시작에 관한 복잡한 이론을 넘어 건전하고 간략한 골격을 원하는 이들에게 서슴없이 권하고 싶은 책이다. 근대 서양 철학의 뿌리와 탁류를 건너고 싶어하는 성경학도들에게도 유익한 길잡이가 되리라 확신한다. 특히 아직도 창세기를 읽을 때마다 풀리지 않는 5차방정식 같은 세상의 물리학적인 해석 때문에 혼란이 생긴다면 과감히 이 책에 도전해서 해답을 얻길 바란다. 덤으로 이 책 여기저기에서 묻어나오는 이 선교사의 헌신적인 삶도 배울 수 있을 것이다.

최호진(포항공대 산업혁명 전담교수, 금속공학 박사)

첨단 과학시대를 살고 있는 사람들의 공통점은 '진화론은 곧 과학'이라는 믿음과 '하나님이 전지전능하신 창조주'이심을 믿지 않는 불신앙을 갖고 있다는 것이다. 또한 그들은 "하나님이 천지만물을 창조하셨다"고 말하는 것은 종교적이고 신학적인 견해일 뿐, 과학적이지 않기 때문에 믿을 수 없다고 한다. 따라서 사람들은 우주와 생명의 기원 문제를 하나님 없이 설명해 보려는 시도를 끊임없이 되풀이하고 있으며, 그런 노력의 대표적인 결과가 진화론과 창조론을 혼합한 다양한 타협이론들이다.

타협이론은 창조론과 진화론 사이에서 갈등하고 고민하는 젊은이들과 지식인들에게 훌륭한 해방구이자 도피처를 제공해 주는 것처럼 보인다. 그들은 진화론과 창조론 사이에서 고민하지 않아도 된다는 생각에서 이런 내용의 강연과 출판물들에 아낌없는 박수를 보내며 적극 옹호한다. 그런데 문제는 진화론과 다양한 타협이론들은 전지전능하신 창조주 하나님의 속성과 전혀 맞지 않으며, 창조론과 진화론 사이에서 갈등하다가 교회를 떠났던 젊은이들을 다시 돌아오게 하지도 않는다는 점이다. 지식과 신앙적 갈등에서 해방되어 돌아온 지성들과 젊은이들로 교회가 부흥해야 하는데, 실상은 그 반대 현상이 일어나고 있다. 현재 한국 교회는 몰락한 유럽 교회의 전철을 밟지 않으리라고 누구도 장담할 수 없는 위중한 상황에 처해 있다.

이재만 선교사가 시기 적절하게 타협이론의 뿌리와 문제점들을 적나라하게 고발하는 책을 출판함으로써 지적 교만이 극에 달한 지성들과 한국 교회에 경종을 울리고 있다. 아무쪼록 이 책을 통해 한국의 신학교와 교회, 지식인들과 다음 세대들이 성경적 창조신앙을 회복하고 하나님께로 돌아오기를 기도하며, 지성이 혼탁한 이 시대에 꼭 읽어야 할 책으로 강력 추천한다.

한윤봉(한국창조과학회 제7대 회장, 전북대 교수, 세계 100대 과학자, 《ASK 공부법》 저자)

part 1

타협의 깊은 뿌리

01

타협의 배경이 된 세 가지

계몽주의: 하나님보다 이성이 더 중요해졌다

중세 말 교회가 타락하자 유럽에서는 두 가지 변화가 일어났다. 하나는 교회 안에서의 각성이었고, 다른 하나는 교회 밖에서의 변화였다. 교회 안에서 성경으로 돌아가려고 했던 몸부림이 바로 종교개혁(1517년)이며, 비슷한 시기에 교회 밖에서 일어났던 변화가 계몽주의다. 계몽사상은 17세기부터 프랑스를 중심으로 유럽의 각 나라로 번져 갔는데, 그 핵심은 이성(理性)에 대한 신뢰였다. 종교개혁과 계몽주의가 일어난 때부터를 근대(Modern age)라고 부른다.

근대의 시작을 알린 계몽주의가 자리 잡는 데 가장 큰 역할을 한 사람은 근대 철학의 아버지로 불리는 데카르트(René Descartes, 프랑스, 1596~1650)다. 그는 대표 저서 《방법서설》(Discours de la Méthodes, 1637)에서 "나는 생각한다. 고로 존재한다"라는 문장을 남겼는데, 이것이 근대 철학의 근본 원리가 되었다. 이 말은 인간이 자기 존재의 확실성을 자신의 생각, 즉 이성에 두게 되었다는 뜻이다.

이성이란 하나님이 자기 형상으로 지으신 인간에게 주신 참으로 귀중한 사고 능력이다. 하지만 이는 하나님 안에서만 바르게 사용할 수 있다고 성경은 말한다.

> 여호와를 경외하는 것이 지식의 근본(beginning)이거늘 미련한 자는 지혜와 훈계를 멸시하느니라(잠 1:7, NIV)

> 여호와를 경외하는 것이 지혜의 근본(beginning)이요 거룩하신 자를 아는 것이 명철이니라(잠 9:10, NIV)

즉 여호와를 통하지 않은 지식이나 지혜는 시작부터 잘못된 것이며 결국 미련하게 된다는 뜻이다.

그런 의미에서 데카르트의 "생각하기에 존재한다"라는 말은 성경이 요구하는 사고의 순서와 반대된다. 성경은 이와 반대로 "존재하기에 생각한다"라고 말하고 있기 때문이다. 자신을 존재케 한 창조주 하나님을 먼저 알고 난 후 그 안에서 생각하는 것이 바른 순서다. 논리적으로 보더라도, 존재하지 않는데 어떻게 생각할 수 있겠는가? 당연히 존재가 먼저이고 생각이 나중이다. 그래서 데카르트의 말은 "나는 존재한다. 고로 생각한다"로 바뀌어야 한다.

그런데도 데카르트의 짤막한 문장은 유럽인들의 사고방식을 바꾸는 데 중요한 명언(!)이 되고 말았다. 이성을 최우선시하는 자세는 근대 사상의 기초가 되었으며, 결국 많은 사람이 자신의 이성을 과대평가하는 우를 범하게 되었다.

계몽주의는 '나는 어디서 왔는가'라는 자신의 시작(beginning)을 알고자 하는 철학의 기본자세에 변화를 주었다. 이전에는 과거에 거기 계셨던 하나님, 그 창조주께서 계시하신 성경을 통해 자신과 주위를 보았으나 근대 이후로는 그 사고의 방향이 바뀐 것이다. 즉 하나님의 영역 안에 있는 이성이 아니라 이성의 영역에서 하나님을 생각하는 것으로 자리가 바뀌었다. 이는 이성의 존재 유무 문제가 아니라 이성을 사용하는 순서에 변화가 발생했음을 의미한다. 그리고 이때부터 자신이 누구이며 어디서 왔는지에 관한 문제에 있어서 자신의 이성을 우선하는 '철학시대'로 접어들었다. 이러한 근대적 사고는 18세기부터 자연과학에 영향을 주었으며, 자연스럽게 내가 어디에서 왔는지 그 과거를 알고자 하는 역사과학(Historical science)[1] 영역으로까지 번져 나갔다.

계몽주의가 프랑스에서 시작했기 때문에 역사과학, 즉 이성으로만 과거를 알고자 하는 계몽주의적 시도도 프랑스에서 먼저 주도되었다. **대표적 인물로 뷔퐁**(Comte De Buffon, 1707~1788), **라플라스**(Pierre Laplace, 1749~1827),

---

1 역사과학이란 어떤 사물을 보고 과거 사실을 추적하는 과학 영역을 가리킨다. 즉 동식물, 화석, 지층, 산 등이 과거 어떤 과정을 통해 지금의 모습을 갖추게 되었는지를 밝히는 학문이다. 이와 비교되는 과학 분야는 실험과학(Experimental science)인데, 화학분석, 세포 분열 등과 같이 현재 일어나고 있는 현상을 관찰하고 연구하는 과학이다.

라마르크(Jean Lamarck, 1744~1829) 등을 들 수 있는데, 당시 유럽 사회에서 유력했던 인물들이다. 그들은 각자 자신의 학문 분야에서 다음과 같이 주장했다.

- 뷔퐁(지질학): 지구가 혜성과 태양으로부터 왔다는 가설을 통해 지구의 나이가 75,000년이 넘을 것으로 가정했다(1778년).

- 라플라스(천문학): 원시 성운이 냉각, 수축, 회전 등을 거쳐 태양이나 여러 행성이 되었다는 성운가설(nebular hypothesis)을 발표했다(1796년).

- 라마르크(생물학): 환경에 적응하고자 획득한 형질이 다음 세대에 유전되어 진화가 일어난다는 용불용설(Theory of Use and Disuse)을 주장했다(1809년).[2]

이 세 가지 이론은 비과학적인 것으로 판명되어 오늘날에는 폐기되었다. 그럼에도 불구하고 그 당시 사람들에게 지구와 생물이 오랜 세월에 걸쳐 변화되어 지금 모습이 되었다는 막연한 생각을 심어 주었고, 과거 사실을 추적하는 역사과학에도 큰 계기를 마련해 주었다. 이는 당시 사회에 영향력이 있던 세 사람이 기원 분야인 지질학, 천문학, 생물학에 동일하게 긴 기간을 적용함으로써 마치 '오랜 역사 이론'을

---

2 용불용설을 주장하는 학자들은 그 예를 기린의 목에서 찾는다. 기린의 목은 원래 짧았으나 높은 곳의 나뭇잎을 따 먹으려고 노력하다 보니 적응되어 지금처럼 긴 목을 갖게 되었다는 것이다.

통일된 이론으로 여기도록 만들었다. 오랜 역사 이론은 성경이 말하는 짧은 기간의 창조 기록과 다르다. 그래서 사람들은 과거를 알고자 하는 데 있어서 성경이 과거 역사를 정확히 적었다는 기존 생각에 회의를 갖게 했으며, 인간의 이성을 우선시하도록 했다.

훗날 세 가지 이론은 지질학의 동일과정설, 천문학의 대폭발설, 생물학의 진화론이 탄생하는 초석이 되었고, 우주와 자연이 오랜 시간에 걸쳐 만들어졌다는 거대한 전제를 마련했다. 무신론적 역사과학이 본격적으로 시작된 것이다.

동일과정설: 지질 변화가 현재나 과거나 동일하다

프랑스의 계몽주의적 사고의 역사과학이 영국으로 넘어가면서 더욱 활발해졌다. 특히 지질학 분야에서 런던지질학회(1807년)가 처음 설립된 것이 중요한 전기가 되었다. 당시 설립 회원 13명은 지질학 분야에 거의 지식이 없었지만 모두 막연하게 오랜 역사 이론을 믿었으므로, 같은 사고를 하는 지질학자들에게 더 많은 연구 지원을 했다. 영국은 프랑스보다 계몽주의가 늦게 시작되었지만, 런던지질학회 설립 덕분에 역사과학 분야에서는 프랑스보다 훨씬 발 빠른 행보를 보이기 시작했다.

이런 분위기에서 지질학이 역사과학에 강한 동력을 불어넣는 계기를 마련했다. 1830년 당시 변호사였던 라이엘(Charles Lyell, 영국, 1797~1875)이 《지질학 원리》(Principles of Geology)를 출간한 것이다. 그의 책은 기존 계몽주의 사상에 영향을 받아 등장하기도 했지만, 동시에 역사과학 분야에 계몽주의적 접근을 부채질하는 중요한 전기를 마련했다. 그런 면에서 라이엘의 책에 관한 이해는 앞으로 다룰 성경 역사와 진화 역사의 실체를 파악하는 데 큰 도움이 될 것이다.

라이엘은 책을 통해서 "현재는 과거를 알 수 있는 열쇠"라는 명제를 보편화시켰다. 근대 지질학의 슬로건과 같은 이 한 문장은 라이엘에 의해 처음 만들어진 것은 아니지만, 그는 책 전반에 걸쳐 이 자세를 그대로 유지했다. 그리고 그의 자세를 좇는 지질학자들이 나중에 이 문장으로 축약하여 사용하였다.

풀어서 말하자면, 오늘날 일어나는 지질 과정의 현상을 역추적하면 과거 지구의 시작을 알 수 있다는 것이다. 그는 오늘날 일어나지 않는 어떤 특별한 자연과정이 과거 지구상에 일어났을 리 없다고 생각했다. 예를 들어, 오늘날 침식이나 퇴적 같은 지질 변화가 아주 느리게 나타나므로 과거에도 동일하게 아주 느리게 일어났을 것으로 가정해야 한다는 것이다. 이 가설을 동일과정설(Uniformitarianism)이라 한다.

동일과정설은 창세기 1장의 초자연적인 창조와 홍수 심판 같은 전 지구적인 격변 사건이 발생했을 리 없다는 생각을 심어 주었다. 이것은 앞서 언급한 데카르트의 "나는 생각한다. 고로 존재한다"라는 계몽주의 사고의 연장선에서 등장한 것이라 할 수 있다. 즉 우리 자신이 과거에 그 현장에 없었지만, 현재 자신의 이성과 경험으로 과거를 알 수 있다는 사고방식이다.

그런 면에서 라이엘의 사고는 데카르트가 '존재케 하신 하나님'보다 '자기 이성'을 우선시한 것과 일백상통한다. 그러나 이는 역사과학에 대하여 접근 순서를 역전시킨 현실과 동떨어진 자세이다. 왜냐하면 과거 사건은 그 현장에 있었던 '증인'을 통해 아는 것이 상식이기 때문이다.

예를 하나 들어보자. 살인 사건 현장을 찾은 형사는 증인을 배제한 채 사건을 해결하려고 하지는 않을 것이다. 그가 현장에서 가장 먼저 찾는 것은 바로 증인이다. 어떤 형사도 "증인은 필요 없다"고 말하지 않을 것이다. 그런 의미에서 라이엘이 대중화시킨 "현재는 과거를 알 수 있는 열쇠"라는 말은 현장에 있던 증인을 배제해도 사건을 해결할 수 있다는 현실과 동떨어진 주장인 것이다.

그럼에도 불구하고 그의 명제는 "거기 계셨던 하나님"(증인)이 계시하신 성경을 참고할 필요가 없다는 생각을 사람들에게 불어넣었으며, 이성을 중시하는 계몽주의적 근대 사고와 맞물려 지질학의 명제가 되어버렸다. 그의 해석이 과학적 탐구를 통해 이루어진 것이 아니라는 점을 이해하는 것이 매우 중요하다. 그의 시도는 다분히 자기 이성을 우선시하는 철학적 분위기의 연장선일 뿐이었다. 이렇게 현실과 동떨어진 발상임에도 불구하고 라이엘의 동일과정설적 사고에 입각해서 지구의 과거를 해석하기 시작한 시기를 현대지질학의 시대라고 부르게 되었다.

라이엘의 《지질학 원리》 초판이 출판된 후, 동일과정설이 보편화되자 19세기 중반을 넘기며 대부분 지질학자들은 지구가 깎이고 깎이는 오랜 침식 과정과 쌓이고 쌓이는 무수한 퇴적 과정을 겪었으리라는 시각에서 지형을 바라봤다. 동일과정설의 패러다임(사고의 틀)이 형성된 것이다.

그러나 당시 지질학자들이 마땅히 해야 할 과학 실험을 거의 수행하지 않았다는 점을 간과해서는 안 된다. 그들은 산과 지층을 바라보며 실험을 통하지 않고 자신의 패러다임으로만 '해석'했다. 그런 해석이 점차 널리 퍼지면서 지구의 역사가 시작도 없고 끝도 없는 막연한 과정을 반복했으리라는 생각이 보편화되어 갔다.

결국, 사람들은 태초에 창조된 세상은 처음부터 완전했으며 홍수 심판이라는 대격변이 있었다고 하는 성경 기록에 의구심을 갖게 되었다.

19세기에 시작된 이런 사고는 20세기를 넘어 21세기에 들어선 지금도 지질학자를 비롯한 현대인에게 영향을 주어 이런 패러다임 속에서 지구를 바라보게 만들었다.

진화론: 생물은 우연히 발생해 점진적으로 변화해 왔다

라이엘의 사고는 지질학 분야에만 국한되지 않았다. 과거를 알고자 하는 각 분야에 영향을 끼쳤는데, 특히 다윈(Charles Darwin, 영국, 1809~82)에게 큰 영향을 주었다. 그는 동일과정설을 생물에 적용하여 《종의 기원》(*The Origin of Species*, 1859)을 썼다.

진화론이 탄생한 것이다. 하나의 간단한 생물에서 시작하여 '오랜 세월' 동안 점진적인 변화를 거쳐 지금의 생물로까지 변화했다는 이론이다. 진화론은 무생물에서 단순한 생물이 시작되었고, 단순한 생물이 오랜 세월 동안 진화와 멸종이 반복되는 생존 경쟁과 자연선택을 거쳐 지금의 생물군을 이루었다고 주장한다. 그 가운데 최고 고등동물이 인간이라는 것이다. 다윈의 진화론에 따르면, 사람, 개, 도마뱀, 심지어 개나리 같은 식물이나 곰팡이류 같은 미생물조차 모두 한 조상에서 파생되었다.

다윈은 생물들이 어떻게 지금의 모습을 갖추게 되었는지를 자기 이성을 통해 설명하는 데 심취해 있었다. 그때 라이엘의 책을 접하고, 지층과 산들이 아주 느리게 형성되었다는 가설을 받아들이며 지구가 매우 오래된 것이 틀림없다고 생각하게 되었고, 그것을 생물에 동일하게 적용했다. 왜냐하면 그런 장구한 시간이 뒷받침해 주지 않으면 생명체가 우연히 발생하여 지금의 모습으로 변해 왔다는 자신의 이론을 결코 세울 수 없었기 때문이다.

결국, 동일과정설과 진화론은 모두 '시간'을 신격화해 버리고 말았다. 계몽주의적 분위기에서 다윈의 진화론은 라이엘의 동일과정설과 맞물려 등장하자마자 과학적 검증을 거칠 새도 없이 전 유럽을 휩쓸며 정설로 받아들여져 보편화 되었다. 시간을 해결사로 보는 점에서 유사한 두 이론은 당시 철학의 추세에 따라 마치 통합이론처럼 서로 보완하며 발전해 갔다.

데카르트의 '나는 생각한다. 고로 존재한다'의 계몽주의 철학은 역사과학에 영향을 주어 '현재는 과거를 알 수 있는 열쇠'라는 생각과 함께 지질학에서 동일과정설을 탄생시켰으며, 이는 생물학에서 생존경쟁과 자연선택을 통해 지금의 생물들로 점차 변화해 왔다는 진화론으로까지 확대되었다.

결국 인간은 수십억 년을 거쳐 살아남은 동물 중에 하나가 되어 버렸다. 이성을 통해 자신을 찾으려고 하다가 결국 동물 중의 하나로 전락한 것이다. 자신을 존재케 하신 하나님을 빼고 자기를 설명하려고 한 결과다.

그러나 성경은 그와 전혀 다르게 말하고 있다. 인간은 보이는 존재 중의 하나가 아니라 보이는 것들을 창조하신 초월자의 형상으로 특별히 창조되었으며, 동물들은 인간이 다스릴 대상이라고 말한다. 여기서 우리는 "여호와를 경외하는 것이 지식의 근본이거늘 미련한 자는 지혜와 훈계를 멸시"(잠 1:7)한다는 말씀처럼 지식의 시작인 '거기 계셨던 창조자'를 배제하고 스스로 궁리했을 때 사실과 전혀 다르게 자신을 동물과 같은 이성 없는 존재로 전락시키는 미련한 자들이 되어 버린 것을 알 수 있다.

그러나 20세기에 접어들어 1970년에 들어서면서부터 라이엘 이후 동일과정설의 패러다임 안에서만 사고하던 지질학계에 변화가 일어났다. 그동안 연구 대상을 바라보며 해석하기만 하다가 본격적인 실험에 착수한 것이다. 산, 강, 협곡 등의 지층과 화석과 석탄 형성 등에 관하여 실험하기 시작했다. 엄밀히 말해서 이때부터 지질학이 철학적 접근에서 과학적 접근으로 전환하기 시작했다고 할 수 있다.

그런데 실험이 계속될수록 기존 동일과정설과 상반되는 결과가 속속 드러났다. 지질학의 연구 대상들이 점차적으로 형성되어 온 것이 아니라 오늘날과 전혀 다른 격변적 사건의 결과로 귀결된 것이다. 즉 동일과정설이라는 기존 패러다임에 의문이 제기되기 시작했다.

생물학도 마찬가지다. 진화론을 전제로 아무리 실험을 많이 해도 종류에서 종류로 변하는 대진화가 이루어진 적이 없고, 과거 생물인 화석에서조차 어떤 전이 형태도 확인된 바가 없다. 이는 지질학과 생물학의 동일과정설과 진화론 해석에 심각한 문제가 있음을 드러낸 것이다.

02

타협의 기준이 된 지질시대표

지질시대표의 탄생: 지층과 화석에 허구적 역사를 부여하다

진화론 탄생 이후에 아주 중요한 도표가 하나 만들어졌는데, 바로 지질시대표다.[3] 이것은 지구의 역사를 소위 고생대, 중생대, 신생대 식으로 구분해 그 시대별 지층에 분포하는 화석의 순서를 나열한 표다. 간단한 생물의 화석부터 복잡한 생물의 화석, 그리고 맨 위에 자리한 인류에 이르기까지 진화의 순서를 나열하고 있다.

3 또는 지질계통표라고도 한다. 지질학자들은 지질계통(geologic system)과 지질시대(geological time)를 순서냐 시간이냐에 따라 용어를 구분하여 사용한다. 이 책 본문에서는 지질시대로 통일했다. 부록에서는 내용상 더 적합한 지질계통을 용어로 사용했다.

진화나무(또는 생명나무)는 현재 살고 있는 생물들을 나열했지만, 지질시대표는 과거에 살았던 화석들을 나열한 것이다. 진화나무는 단지 살아있는 생물만을 가지고 계통을 나타내는 것이기에 진화 역사를 보여 주기에는 미흡했지만, 지질시대표는 과거의 생물인 화석을 통해 과거 역사를 보여 주기 때문에 사람들에게 훨씬 설득력 있게 다가왔다. 그런 면에서 지질시대표는 지질학과 생물학의 진화론적 통합이며 동일과정설과 진화론의 합작품이라고 할 수 있다.

엄밀히 말해서 진화론적 사고는 계몽주의적 사고가 갖춰지던 시기, 즉 다윈의《종의 기원》이 출판되기 훨씬 이전부터 태동했다. 그러다가 다윈이 진화 메커니즘을 자연선택으로 설명하면서부터 비로소 힘을 얻었고, 지질시대표가 만들어지자 대중에게 훨씬 쉽게 받아들여지면서 확산되었다.

일반적으로 어떤 사고가 순식간에 쉽게 대중화되는 경우는 드물다. 몇몇 소수로부터 출발한 새로운 사상은 어떤 계기를 통해 빠르게 확산되는 법이다. 1830년 찰스 라이엘의《지질학 원리》, 1859년 다윈의《종의 기원》그리고 1872년 찰스 라이엘의 '지질시대표'가 확산의 계기인 것이다.

앞으로 다룰 '성경과 진화론을 타협하려는 시도'는 모두 이 지질시대표를 사실 역사로 놓고 성경을 그에 맞추어 바꾼 것이다. 즉 지질시대표를 타협이론의 기준으로 설정한 것이다. 그러므로 타협이론에 대한 분별은 지질시대표에 대한 바른 이해와 맞물려 있다.

지질시대표의 기본 틀은《종의 기원》이 출판된 지 13년 후인 1872년에 라이엘에 의해 만들어졌다. 그 후 지질시대는 잘게 나뉘기 시작

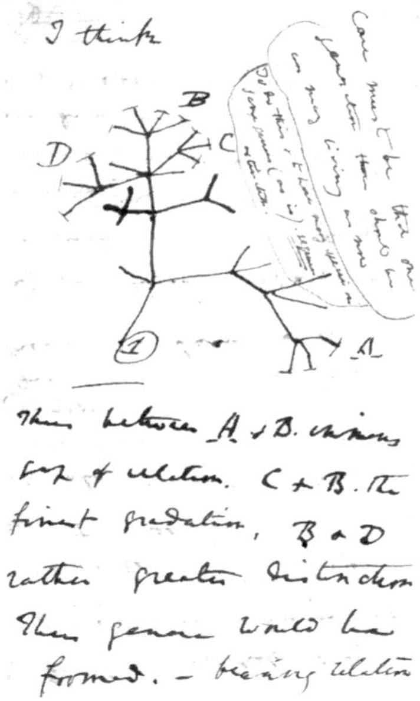

다윈이 처음 그린 진화나무

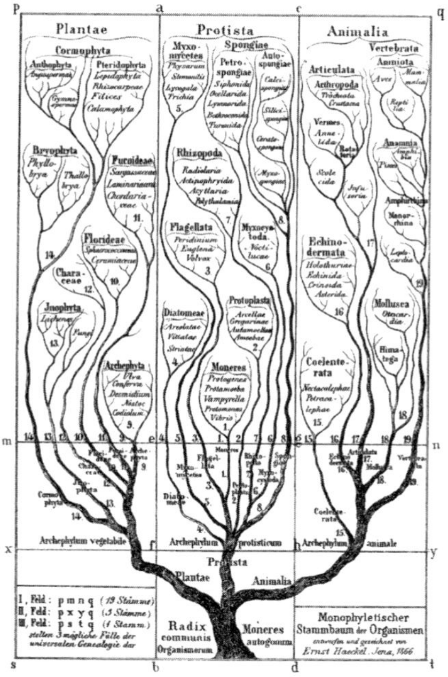

헤켈의 생명나무(Tree of Life, 1866년)

하여, 1900년 중반에 이르러 오늘날 교과서에 실린 모양이 되었다(p. 39의 표 참고).

오늘날의 지질시대표는 1872년에 만들어진 틀에 이름이 추가되고, 시대가 세밀히 나뉘었을 뿐 처음 것과 달라진 것이 거의 없다고 해도 과언이 아니다. 라이엘은 처음에는 다윈의 진화론을 받아들이지 않았지만, 후에 개인적으로 진화론을 받아들여 지질시대표를 완성(!)했다.

그러나 지질시대표가 보여 주는 것처럼 진화론의 순서대로 화석이 고스란히 발견된 곳은 지구상에 어디에도 없다. 아울러 진화론의 필수 증거인 전이화석(진화 과정을 보여 주는 중간 단계의 화석)은 세상에 존재하지 않는다. 실제로 지질시대표는 지구상에 산재한 화석들을 진화 순서대로 모아 놓은 것이다. 그러므로 지질시대표는 진화의 증거가 아니라 진화론의 신뢰 하에서 화석들을 책에 모아 놓은 창작품일 뿐이다. 간단히 말해서 지질시대표는 진화론 그 자체다.

만약 누가 이 그림을 보며 진화 역사가 옳다고 말한다면, 그는 내막을 모른 채 말하는 것이다. 지질시대표는 진화론자 자신의 신념을 보여 주는 것이기 때문이다. 과학자에 의해 확인된 바 없으며 실제로 존재하지 않는데도, 이 그림은 지구와 인류의 역사로 인식되어 왔다. 데카르트의 '나는 생각한다. 고로 존재한다'라는 명제에서 시작된 사고가 지질시대표에까지 이른 것이다.

지질시대표가 우리에게 준 영향은 그야말로 막대하다. 인간이 등장하게 된 근거에 절대적인 영향을 끼쳤기 때문이다. 지질시대표는 "오랜 세월에 걸쳐 생존경쟁과 자연선택에 의해 진화와 멸종을 반복하다 지금의 내가 되었음"을 적나라하게 보여 준다. 이 표를 믿는 사람은 과거뿐 아니라 지금도 생존경쟁과 자연선택에 의해 진화가 일어나고 있으며, 앞으로도 그런 과정을 거쳐 인류의 미래가 이어질 것이라는 진화론적 역사관을 갖게 된다. 지질시대표는 빠르게 보편화되며 '내'가 어떻게 존재하게 되었는지 인간의 정체성에 대하여 진화론적으로 받아들이게 하는 결정적 도구가 되었다.

표가 만들어진 이래 지질학자들은 어떤 화석이 발견되면 그것을 표의 진화 순서상 어느 시대에 넣어야 하는지 궁리하게 되었다. 결국 지질시대표를 바탕으로 화석의 시대를 결정하기 시작했다. 즉 화석을 진

후삼기	
제3기 또는 신생대	
제2층 또는 중생대	백악기
	쥐라기
	트라이아스기
원시층 또는 고생대	페름기
	석탄기
	데본기
	실루리아기
	캄브리아기

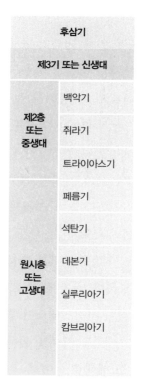

라이엘의 지질시대표(좌)와 지질시대표 순서대로 나열된 화석들(우)

화의 순서대로 모아 지질시대표를 만들어 놓고, 새로운 화석을 발견하면 지질시대표를 근거로 그 화석의 시대를 정하는 것이다.

이는 지질시대표를 진짜 역사로 전제하고, 그 안에서 벗어날 줄 모르는 전형적인 순환논리(Circular reasoning)다. 화석뿐 아니라 화석이 없는 지층이나 암석까지도 어느 지질시대에 속할지 궁리하여 순서를 정해 버렸다. 지금도 거의 모든 지질학자가 화석, 지층, 지형 등 지질학 연구의 대상들을 지질시대라는 굴레 안에서 해석하고 있다.

19세기 말에 만들어진 지질시대표는 지구상에 존재하지도 않고 허술하기 짝이 없는데도 진화론적 사고에 힘입어 19세기 말에 시작하여 20세기를 거쳐 21세기에 들어선 지금까지도 여전히 막강한 영향력을 행사하고 있다. 지질학자들은 지질시대표의 틀 안에서 논문을 쓰며, 그 틀 안에서 쓴 논문만을 인용한다. 또한 지층이나 암석들이 어느 지질시대에 속하는지 결정하려 한다. 그래야만 지질학자 간에 대화가 가능하며 논문을 게재할 수 있기 때문이다. 모든 지질학 연구가 지질시대표라는 거대한 지붕 아래서 이루어지고 있다고 해도 과언이 아니다. 이 패러다임에서 벗어날 수 없는 지경에 이르렀다.

지질학은 어떤 분야보다도 철저하게 지역에 근거한 학문으로서 해당 지역을 직접 방문해야만 연구가 가능하다. 예를 들어, 그랜드 캐니언을 연구하려면 그곳에 가야 한다. 그러나 지질시대표가 만들어진 시대의 지질학자들은 전 세계는커녕 자기 나라도 제대로 돌아다니지 않았다. 라이엘은 자신이 살고 있는 영국도 제대로 돌아보지 않은 채 지질시대표를 작성했다.

이처럼 지질시대표는 제대로 된 증거가 아닌 그릇된 전제에서 출발했다. 장구한 역사 동안 땅이 쌓이거나 깎여 지층이 형성되었다는 동일과정설과 오랜 기간 생존경쟁과 자연선택에 의해 지금의 생물들이 남게 되었다는 진화론의 합작품이다.

그러나 지질시대표가 만들어진 이래로 진화 순서와 반대되는 화석들이 발견되는 예가 너무 많다. 소위 시대의 기준으로 사용되는 표준화석이 지층 속에서 진화론의 순서와 다르게 발견되는 예가 많다는 뜻이다. 왜 이런 예가 그렇게 많을까? 이유는 간단하다. 세상에 지질시대라는 역사는 없었기 때문이다. 순서가 바뀐 화석들의 예는 필자의

책 《노아 홍수 콘서트》와 거기 실린 참고문헌을 참고하면 도움이 될 것이다.[4]

하지만 오늘날 실제 화석들이 지질시대표 순서대로 발견되지 않는다 해도 지질학자들은 거의 놀라지 않는다. 단지 해석상에 문제가 있을 수 있다고 가볍게 여기며 지질시대표의 존재 유무까지 깊이 있고 진지하게 따져 보지 않는다.

방사성 동위원소의 반감기를 이용한 연대 측정법은 20세기 중반부터 사용되었다. 지질시대표를 만들 당시에는 화석의 연대를 측정할 방법이 없었다는 사실을 명심해야 한다. 그럼에도 불구하고 많은 지질학자들은 이 지질시대표를 보며 지구가 수천만 년의 까마득히 오래된 역사를 가졌을 것이라고 여겼으며, 실제로 그런 숫자를 각 지질시대표에 부여했다. 이런 상상의 역사를 사실로 여기면서 지질학은 지층과 화석을 보며 과거를 사색하는 막연하고 심오한 학문이 되고 말았다.

지질시대표의 확장: 보편화되고 과학의 이름으로 견고해지다

동일과정설과 진화론은 지질학과 생물학에만 영향을 준 것이 아니다. 인류 역사를 구석기, 신석기 등으로 해석하는 데까지 이르렀다. 이 용어는 당시 유명한 은행가였던 존 러벅(John Lubbock, 영국, 1834~1913)에 의해 처음 사용되었다.[5] 그는 인류 역사를 도구 사용을 기준으로 진화론적

4 이재만, 《노아 홍수 콘서트》, 두란노, 2009, p. 67~106.

5 John Lubbock, *Pre-historic times, as illustrated by ancient remains, and the manners and customs of modern savages*, 1862.

으로 해석하여 책을 썼는데, 어수룩한 이론임에도 불구하고 진화론이 우세한 시대 분위기에 따라 고고학 분야에서 가장 영향력 있는 책이 되었다.

그때부터 드문드문 발견되는 돌 도구들을 보며 인간은 미개인에서 현대인으로 진화했다고 막연히 해석하게 된 것이다. 이런 석기시대 구분 역시 지질시대표를 만들 때와 마찬가지로, 단지 돌을 깨서 다듬는 방법은 미개하고 갈아서 다듬어야 발달된 것이라는 진화론적 사고와 긴 연대에 절대적인 영향을 받았음에 의심의 여지가 없다.

또한 지구상 어디에서도 구석기 유물 위에 신석기 유물이 순서적으로 놓여서 발견된 적이 없다. 수평적으로 널려 있을 뿐이다. 그럼에도 불구하고 제대로 된 측정도 하지 않은 채 250만 년 전인 구석기에는 돌을 깨며 살았고, 1만 년 전인 신석기부터 돌을 갈아 도구로 삼았다고 아예 연대를 정해 버렸다.

그때나 지금이나 석기시대 유물의 나이를 직접 측정하는 고고학자는 아무도 없다. 측정하지도 않지만 측정한다고 해도 측정치가 돌의 나이인지 그 돌을 다듬었을 때의 나이인지 알 길이 없다. 단지 진화론적 사고로 인류는 동물에서 진화하였으니 예전 사람들은 지금보다 훨씬 미개했을 것이며, 미개할수록 발달 속도가 느리므로 그 기간이 오랫동안 유지되었을 것으로 추정하는 것이다.

오늘날에도 이 보편화된 이론에 의문을 제기하는 고고학자는 찾아보기 힘들다. 그리고 이런 무모한 해석 문제를 심각하게 여기지도 않는다. 결국, 석기시대는 진화 순서에 따라 지질시대표 위 맨 윗자리를 차지하게 되었다. 더 나아가, 수십억 년의 지질시대표는 그보다 더 이

전의 역사를 진화론적으로 계속 이어가게 하는 문이 되었다.

20세기 중엽에 원시 원자 하나가 폭발하여 지금의 우주로 진화했다는 대폭발 이론(Big Bang Theory)이 등장했다. 우리 역사를 물질적으로 한없이 거슬러 올라가게 만든 것이다. 작은 물질에서 큰 것으로 오랜 기간 동안 변해 왔다는 사고가 급기야 우주로까지 확장되고 말았다.

대폭발 이론에는 과학 법칙과 위배되는 수많은 가설이 존재하며 그에 대한 반박도 만만치 않다. 그럼에도 불구하고, 진화론적 사고와 어울리는 이론으로 여겨져 지질시대표나 구석기, 신석기 등의 시대 구분과 함께 보편화된 상태다. 이처럼 진화론과 지질시대표와 구석기, 신석기의 구분과 대폭발 이론 등은 모두 뿌리가 같다. 상상하기도 어려운 오랜 기간에 걸쳐 폭발, 자연선택, 생존경쟁, 지능의 발달을 통해 여기까지 왔다고 주장한다.

기본적으로 같은 전제로 해석된 내용이기에 천문학/우주론, 지질학, 생물학, 인류학 등 역사과학 분야가 마치 통합된 것처럼 보이며 전공자나 비전공자나 할 것 없이 그런 해석들을 비판 없이 총체적으로 받아들이고 있다. 반면 서로를 전제로 맞춰진 이론들이기 때문에 이들 중에 한 분야만 문제가 있어도 전체가 무너진다.

만약 지질시대표의 지구 역사가 사실이 아니라면 진화론이나 석기시대는 사라져야 한다. 석기시대가 없어지면 지질시대표나 인류의 진화 역사에 이가 빠질 것이다. 만일 생물학적 진화가 틀렸다면, 지질시대표와 석기시대는 의미가 없다. 지질시대라는 지구의 오랜 나이가 없다면 오랜 우주 역사 또한 동떨어진 해석이 된다.

이런 상호의존성에도 불구하고 분야별로 전공자들이 갈린다는 점은 진화론이라는 패러다임이 무너지지 않는 중요한 요인이 된다. 예를 들어, 생물학자들이 지질시대표의 문제점을 지적하기가 어렵고, 지질학자들은 자연선택이 진화의 메커니즘이 아니라고 주장하기가 어렵다. 또한 고고학자들은 대폭발 이론의 내막을 알기 어렵고, 천문학자들이 구석기나 신석기의 문제점을 파악하기란 쉽지 않다.

다른 전공 분야를 건드리지 않는 것이 학문적 예의라는 분위기도 이에 한몫한다. 게다가 시대가 지남에 따라 전공 분야가 점점 더 세분화되어 다른 학문 영역의 문제를 지적하기가 훨씬 어렵다. 같은 지질학계라도 지층의 퇴적작용을 연구하는 퇴적학 전공자가 지구의 나이를 측정하는 지구화학 분야의 문제점을 지적하기 어렵고, 그 반대 상황도 쉽지 않다.

이렇게 얽히고설킨 상황 때문에 같은 전공이라도 서로 비판하기가 아주 어렵다. 따라서 머릿속에 이미 굳어 버린 진화론적 역사과학의 패러다임이 깨지기는 더욱 힘들며 거기에서 벗어나기도 어려운 것이다.

구석기가 250만 년 전에, 신석기가 1만 년 전에 시작되었다는 것은 무슨 의미인가 생각해 보자. 사람은 돌을 깨면서 250만 년 동안 살았으며, 돌을 깨면서 다듬는 기술에서 돌을 가는 기술로 전환하는 간단한 방법을 터득하는 데 무려 250만 년이나 걸렸다는 것이다.

천 년, 만 년이 어디 짧은 기간인가? 대체 250만 년은 얼마나 긴 기간이란 말인가? 그러나 우리는 그에 대한 반론을 제기하지 않는다. 교사도 학생들에게 거리낌 없이 가르친다. 실제로는 구석기 유물이 발견된 지층 위에서 신석기 유물이 발견된 적도 없고, 돌이 다듬어진 연대를 측정했던 적도 없는데 말이다. 전공자의 권위를 인정하는 태도와 더불어 우리 마음속에 석기시대가 진화 역사 가운데 하나로 이미 자리 잡았기 때문이다. 지질시대표는 진화 역사와 나 사이를 견고하게 연결시키는 진짜 역사가 되어 버린 것이다.

존재하지도 않는 지질시대표는 유럽에서 시작하여 미국으로 건너갔고, 전 세계에 전파되었다. 세상은 존재케 하신 하나님보다 그 자리에 없었던 자기 이성을 더 중시하는 생각으로 가득 차게 되었다.

허점 많은 지질시대표는 등장한 지 얼마 되지 않아서부터 과학 교과서에 실렸다. 관찰과 실험이 전혀 이루어지지 않은 '철학적인 역사'가 '과학 교과서'에 실린 것이다. 교과서에 실렸다는 사실은 매우 중요하다. 공교육은 어떤 이론을 누구나 배워야 하는 검증된 지식으로 받아들이게 함으로써 그 이론을 보편화하는 힘이 강력하기 때문이다. 게다가 과학 교과서는 훨씬 객관성이 있다고 인식되기 때문에 더욱 비판 없이 받아들이게 마련이다.

이렇게 진화 역사가 과학 교과서에 실리자 대중으로 파고들어 보편화 되었다. 처음에는 소수의 전공자들만 사고했지만 이제는 다수의 대중에게로 빠르게 퍼졌다. 일단 비전공자들에게 확산되면 그 패러다임은 더욱 견고해진다. 이것을 전제로 배운 사람들이 다른 분야에도 동일한 패러다임을 적용하고 이것이 계속 순환되기 때문이다.

지난 150년 간 지질시대표의 영향력은 너무도 막강했다. 우리는 현대를 지나 이미 포스트모더니즘 끝자락에 서 있다. 그런데도 교과서 속의 지질시대표는 과거 역사에 대한 우리 시각을 여전히 근대 계몽주의 사고의 틀 속에 가두어 놓고 있다.

중세 시대 사람들은 '나는 어디서 왔다가 어디로 가는가'에 대해 교회에 물었다. 그러면 교회는 그 답을 성경에서 찾아주고자 했다. 그러나 계몽주의와 함께 근대가 시작되자 사람들은 그 질문을 교회 밖의 '철학자'에게 묻기 시작했다. 그들은 성경을 배제한 채 스스로 터득한 생각으로 답변했다. 이후 지질시대표가 과학 교과서에 실리면서 그 근본적인 질문을 '과학자'에게 던지게 되었다. 그때 과학자들은 지질시대표를 보여 주기 시작했다. 즉 과학의 시대가 도래한 것이다.

일반인뿐 아니라 신학자나 철학자도 과학적 검증을 거쳐야 주장에 신뢰가 실리는 시대가 되었다. 그런 현상은 21세기에도 여전하다. 과거 역사에 관해 과학자가 답할 수 있는 것이 아주 제한적임에도 불구하고, 사람들은 여전히 '내가 어디서 왔는가'를 과학자에게 묻고 있다.

지질시대표 틀을 만든 라이엘은 자신을 "지질학의 영적인 구원자며 모세의 낡은 세대로부터 과학을 해방시킨 자"로 자화자찬했다. 왜냐하면, 과거 역사는 하나밖에 없으며 만약 지질시대가 진짜 역사라면 모세가 쓴 창세기는 존재하지 않는 거짓 역사가 되어 버리기 때문이다. 지질시대를 인정한다면 그와 다른 역사를 말하는 성경으로부터 해방되는 것이다. 실제로 라이엘의 지질시대 이론이 세상에 퍼지면 퍼질수록 창세기는 점점 더 '낡은 책'으로 인식되었다.

이런 이유 때문에 지질시대표가 아예 존재하지 않음을 이해하는 것은 진화론과 창세기를 한데 섞으려는 타협이론을 이해하는 데 필수적이다. 지질시대표가 앞으로 다루게 될 타협이론의 깊은 뿌리이기 때문이다. 만약 지질시대표가 세상에 없다면 타협이론도 만들 필요가 없는 것이다.

한 가지 더 지적할 점은, 지질학자들이 화석의 연대를 측정하여 시대 순서를 정했을 것으로 생각하는 사람들이 많다는 것이다. 그러나 지질학자들은 화석의 나이를 측정하지 않는다. 유기물의 나이를 측정하는 유일한 방법은 탄소 연대 측정법인데 그 원리상 진화론자들이 수십만 년, 수억 년 되었다고 가정하는 화석들은 측정 대상이 아니기 때문이다.

역사적으로 봐도 방사성 탄소 연대 측정법은 1900년대 중반에야 등장했다.[6,7] 지질시대표가 만들어진 1800년대 말에는 연대 측정법이 아예 없었다는 점을 기억해야 한다. 즉 진화론자들은 측정도 하지 않은 상태에서 지질시대표에 수천만 년, 나아가 수억 년을 적어 넣은 것이다.[8]

결국 자신이 어디서 왔는지 스스로 깨달으려는 노력은 '무생물에서 시작해서 수십억 년 동안 진화와 멸종을 반복한 가운데 자연에게 선택되어 살아남은 동물 중 하나'로 귀결되었다. 이것이 가장 고상하다고 하는 21세기 현대 지성인들이 믿는 역사다. 마치 쑥과 마늘을 먹은 곰이 여자가 되어 환웅과의 사이에서 단군을 낳았다는, 건국신화에서나 등장하는 이야기를 현대에 다시 믿고 있는 것과 같다. 여기에 자연선택, 돌연변이, 유전자 변이, 고생대, 중생대, 신생대 같은 고상한 학술용어만 첨가되었을 뿐이다.

이는 참으로 이해할 수 없는 일이다. 동물이 변해서 인간이 되었다

---

6 Gunter Faure, ***Principles of Isotope geology***, John Wiley & Sons, Inc., 1986, p. 387-389.

7 John Baumgardner, ***Radioisotopes And The Age of The Earth*** Volume II, Institute For Creation Research and Creation Research Society, 2005, p. 951-954.

8 연대 측정법의 문제점에 관해서는 이 책의 p. 188-193를 참고하라.

고 믿는 사람이 현대 지성인이라니 말이다. 이는 결코 일어난 적도 없고 일어날 수도 없는 일인데 말이다.

원자보다도 작은 물질이 폭발해서 지금의 완벽한 우주가 형성되었다는 대폭발을 받아들여야 지성인에 속하게 되었다. 우리의 조상들이 수백만 년 동안 돌을 깨면서 도구를 만들다가 발전하여 돌을 가는 방법을 터득했다고 전제해야 그 논문은 고고학 학술지에 실린다. 그렇게 생각해야 이성적이고 과학적이라고 여긴다.

지질시대 이론이 대중화되며 자연적으로 과학과 신앙은 별개의 것으로 치부되었다. 과학자들이 지질시대표의 틀 안에서 설명하는 행위가 '과학적'이라는 편견이 생긴 것이다. 과연 성경은 세상의 지성인에 대하여 어떻게 말하고 있는가?

> 스스로 지혜 있다 하나 어리석게 되어 썩어지지 아니하는 하나님의 영광을 썩어질 사람과 새와 짐승과 기어다니는 동물 모양의 우상으로 바꾸었느니라(롬 1:22-23)

하나님을 배제한 채 스스로 지성인이 되고자 했을 때 어리석게 되었다. 전능하신 하나님께서 행하셨음을 고백해야 할 사람들이 오히려 다른 피조물이나 시간에게 그 능력이 있다고 믿으며 모든 영광을 그들에게 돌리고 있는 모습을 보는 듯하다.

> 지혜 있는 자가 어디 있느냐 선비가 어디 있느냐 이 세대에 변론가가 어디 있느냐 하나님께서 이 세상의 지혜를 미련하게 하신 것이

아니냐 하나님의 지혜에 있어서는 이 세상이 자기 지혜로 하나님을 알지 못하므로 하나님께서 전도의 미련한 것으로 믿는 자들을 구원하시기를 기뻐하셨도다(고전 1:20-21)

거기 계셨던 하나님께서 계시하신 성경의 "생물을 그 종류대로", "인간을 하나님의 형상대로" 창조하셨다는 말씀을 토대로 보면 생물과 사람의 지금 모습이 군더더기 없이 잘 맞아떨어진다. 이와 같이 그 분의 말씀과 증거들은 과거를 스스로 깨달아 알려고 하는 지혜를 무색하게 만든다. 그러므로 하나님께서는 성경 말씀을 전하는 방법을 통해서만 이 진리가 전파될 수 있다고 하신 것이다.

하나님은 그분의 말씀을 청종하고 행하면 우리를 지혜롭게 하시고, 축복하신다. 그러나 그분의 말씀을 멀리하면 이 지혜의 축복을 거두시는 것이다.

네가 네 하나님 여호와의 말씀을 삼가 듣고 내가 오늘 네게 명령하는 그의 모든 명령을 지켜 행하면 네 하나님 여호와께서 너를 세계 모든 민족 위에 뛰어나게 하실 것이라(신 28:1).

여호와께서 너를 머리가 되고 꼬리가 되지 않게 하시며 위에만 있고 아래에 있지 않게 하시리니 오직 너는 내가 오늘 네게 명령하는 네 하나님 여호와의 명령을 듣고 지켜 행하며(신 28:13).

우리는 하나님께서 자신을 정확히 드러내려고 계시하신 성경을 통해서만 지혜를 얻을 수 있다. 한편 하나님을 떠나 스스로 궁리하며 살았던 사람들과 역사를 보며 그들이 얼마나 어리석고 미련하게 되었는지를 확인하게 된다.

03

타협이론의 탄생과 변천

성경 역사를 진화론과 타협하려는 시도는 대부분 진화론적 사고와 마찬가지로 계몽주의와 함께 시작되었지만, 지질시대표가 만들어진 후에야 비로소 대중적으로 빠르게 확산되기 시작했다. 앞서 언급했던 것처럼 새로운 사상이 시작되는 시점이 있는가 하면, 대중화되는 시점이 있다. 지질시대표와 타협이론은 역사의 등장 시점에 약간 차이가 있지만, 지질시대표가 타협이론을 대중화하는 데 결정적인 역할을 했다는 점은 분명하다.

지질시대표가 만들어지고 과학 교과서에 실리게 되자 가장 당황한 곳이 어디였을까? 바로 교회였다. 성경과 전혀 다른 역사를 학교에서 가르치기 시작했기 때문이다. 크리스천이 하나님을 믿는 근거는 성경인데, 학교에서 성경을 부정하는 내용을 진리로 가르치게 된 것이다. 이때 교회는 어떻게 했을까?

많은 교회에서 지질시대가 왜 그릇된 역사인지를 대답해 주는 대신에 오히려 수십억 년 지구와 진화론을 진짜 역사로 놓고 성경을 수정하려는 태도를 취했다. 몇몇 신학자와 크리스천 과학자들이 발 빠르게 작업하기 시작했다. 이 같이 과거 역사를 지질시대 이론과 성경을 섞어 설명하는 이론을 타협이론(Compromise theory)이라 한다.

그동안 시도되었던 모든 타협이론은 진화 역사를 사실로 놓은, 즉 진화론에 대한 신뢰에서 등장했기 때문에 진화론이 수정됨에 따라 그 내용도 함께 바뀌어 갔다. 또한 진화론에서 수용하거나 거부하는 내용이 저마다 다르기 때문에 타협이론 역시 다양해졌다. 예를 들어, 단순한 생물에서부터 인간에 이르기까지 진화의 전 메커니즘을 그대로 받아들이는 극단적인 유신론적 진화론에서부터 하나님이 진화를 허용하시지는

않았지만 진화 역사는 인정하는, 즉 하나님이 지질시대표 순서대로 창조하셨다고 주장하는 점진적 창조론과 오랜 연대를 성경의 어느 한 부분에 끼워 넣으려고 시도하는 간격이론에 이르기까지 다양하다.

타협이론의 종류별 변천사를 간단하게 소개한다.

유신론적 진화론: 하나님이 진화 과정을 사용하셨다

진화론과 지질시대표가 등장했을 때, 가장 먼저 확산된 타협이론은 유신론적 진화론(Theistic Evolution)이다. 여기서 확산되었다고 표현하는 이유는 지질시대표가 등장하기 이전에도 유신론적 진화론의 시도가 있었지만, 이것이 보편화된 것은 지질시대표가 만들어진 무렵이기 때문이다.

유신론적 진화론은 단어 자체에서 볼 수 있듯이 하나님(神)과 진화론을 합성한 용어다. 즉 "하나님이 생물과 인간을 창조하실 때 지질시대표 순서대로 수십억 년에 걸쳐 진화 과정을 사용하셨다"는 말로 간단히 정의할 수 있다. 유신론적 진화론이라는 용어는 넓은 의미로는 진화론과 타협한 모든 이론에 적용되지만, 좁은 의미로는 진화 역사가 인간과 생물의 역사일 뿐 아니라 진화 메커니즘까지도 그대로 인정하는 타협이론에 적용된다.

진화 역사란 인간과 생물이 고생대, 중생대, 신생대 같은 지질시대를 겪어 왔다는 뜻이다. 그리고 진화 메커니즘이란 진화를 일으킨 동력으로 여겨지는 생존경쟁, 돌연변이, 자연선택 등을 가리킨다. 그러므로 진화 메커니즘은 생물학 분야에 속하며, 진화 역사는 지질학 분야에 속한다. 이 책에서는 다른 이론들과 구분하기 위해서 유신론적 진화론을 진화 역사와 메커니즘을 모두 수용하는 좁은 의미의 타협이론에만 적용시킨다.

앞서 언급한 것처럼 유신론적 진화론에 대한 시도는 계몽주의가 시작되면서부터 이미 소수에 의해 고개를 들었지만, 1872년 진화 역사를 보여 주는 지질시대표가 만들어진 후에 교회로 빠르게 확산되었다. 지질시대표는 진화와 멸종이 일어나며 인간에까지 이른 진화 과정의 역사를 화석을 통해 한눈에 보여 주기 때문에 진화론적으로 역사를 받아들이는 데 다윈의 진화나무보다 훨씬 효과적이었다. 이처럼 유신론적 진화론은 지질시대표가 만들어진 시대적 배경에서 확산되었다.

유신론적 진화론을 주장하는 사람들은 진화론자들이 해석하고 주장하는 모든 과정을 그대로 수용하기 때문에 '진화론=사실'이라는 입장을 취한다. 또한 진화론적으로 사고하는 것이 곧 과학적 사고라고 여긴다. 따라서 그들은 진화 과정, 수십억 년의 지질시대표, 대폭발 등 모든 진화 역사를 그대로 받아들인다.

그러나 과학적 접근으로만 볼 때, 진화론이 과학적 사실이 아니며 지질시대표가 지구상 어디에도 존재하지 않는다는 사실을 알면 유신론적 진화론을 받아들일 이유가 없어진다. 이 책의 뒷부분에서 한국에서 등장한 유신론적 진화론과 함께 그 근거들을 상세히 다룰 것이다.

점진적 창조론: 하나님이 수십억 년 동안 창조와 멸종을 반복하셨다

점진적 창조론(Progressive Creationism)이란 수십억 년의 오랜 지질시대 동안 하나님이 진화 순서대로 창조와 멸종을 수없이 반복하다가 인간을 창조하셨다는 타협이론이다. 앞서 등장한 유신론적 진화론이 수십억 년에 걸쳐 하나님이 아메바와 같은 단순한 생물에서부터 고등동물에 이르기까지 '진화를 허용 또는 사용하셨다'고 주장한 반면에, 점진적 창조론은 하나님이 수십억 년 동안 '진화의 순서대로 창조하셨다'고 주장하는 이론이다. 즉 진화 메커니즘은 부정하지만 지질시대의 진화 순서는 인정하는 것이다.

점진적 창조론은 다윈의 《종의 기원》이 출판된 지 140여 년이 지난 1990년대 초에 등장했다. 이 이론이 등장하게 된 중요한 배경 중 하나가 바로 1980년 시카고 자연사박물관에서 〈대진화〉(Macro Evolution)라는 제목으로 열린 회의였다. 그 회의에는 당대 최고의 진화론자들을 포함한 160명이 참석했는데 그들이 모인 목적은 한 종류에서 다른 종류로 변화하는 대진화 과정이 확인되었는지 알기 위해서였다.[9]

그 회의에서 다음과 같이 진화론의 두 가지 치명적인 문제점이 드

---

9 Roger Lewin "Evolutionary Theory under Fire", *Science*, 21 November 1980: Vol. 210 no. 4472 pp. 883~887. 당시 회의 결과를 로저 르윈이라는 기자가 〈사이언스〉 지에 기고했다. 이 모임에서 진화론자들이 진화론 자체를 포기하지는 않았지만 결과적으로 진화론에 가장 치명적인 문제점을 드러낸 셈이었다.

러났다.

첫째, 소진화가 축적되어 대진화가 일어나는 메커니즘의 부재.

둘째, 전이 형태 화석의 부재.

첫 번째 문제는 종류가 변하는 대진화의 생물학적 증거가 없다는 뜻이다. 두 번째 문제는 진화되는 과정을 나타내는 중간 단계, 즉 전이 형태의 화석이 발견된 지질학적 증거가 없다는 것이다. 생물학적으로나 지질학적으로나 사실상 진화를 뒷받침할 근거가 없다는 뜻이다.

즉 점진적 창조론은 진화론자들이 진화 메커니즘에 회의적이기 시작하는 시점에 등장했다. 진화론자들이 회의적으로 여기게 된 진화 메커니즘은 부정하지만, 아직까지 진화론자들이 버리지 않은 진화 순서, 지질 시대, 빅뱅 등은 고수하는 것이다. 즉 유신론적 진화론에 진화 메커니즘만 빼 버린 형태다.

점진적 창조론은 이와 같이 진화론자의 태도가 바뀌는 시대적 배경에서 등장했는데, 1990년대 초에 캐나다 천문학자인 휴 로스(Hugh Ross)가 주도했다. 그들은 유신론적 진화론자들의 '진화론=과학' 대신에 '수십억 년의 지질시대=과학'이라는 자세를 취한다. 점진적 창조론자들은 성경이 하나님의 감동으로 쓰였다고 말하면서도 역사에 관하여는 현대 과학자들의 주장을 따라야 한다고 말한다. 그러나 여기서 이들이 사용하는 현대 과학이라는 표현은 수십억 년 역사의 지질시대표를 가리키는 것이다.

점진적 창조론이나 유신론적 진화론의 등장에 있어서 지질시대표가 결정적인 역할을 했기 때문에 이를 주장하는 사람들은 홍수 심판을 역사적 사실로 보지 않거나 특정 지역의 국부적 홍수 사건으로 치부해 버린다. 왜냐하면 지질시대표와 홍수 심판 사이의 상충 관계 때문이다. 즉 홍수 심판을 인정하면 지질시대표의 기나긴 시간을 반영할 수 없게 된다. 점진적 창조론자들이 홍수 심판을 성경 그대로 받아들이지 않는 것은 바로 그 때문이다.

점진적 창조론의 과학적 문제점은 고생대, 중생대, 신생대 식의 '지질시대표'를 진짜 과거 역사로 전제하고 이야기를 풀어 나가는 데 있다. 따라서 과연 지구상에 지질시대를 증명해 주는 곳이 존재하는가가 관건이다. 그러나 그들이 주장하는 지질시대란 존재하지 않는다. 단지 진화론이라는 믿음에서 화석들을 진화 순서로 모아 상상의 작품을 만들었을 뿐이다. 지질시대가 존재하지 않으므로 이 같은 이론을 일부러 만들 필요가 없다.

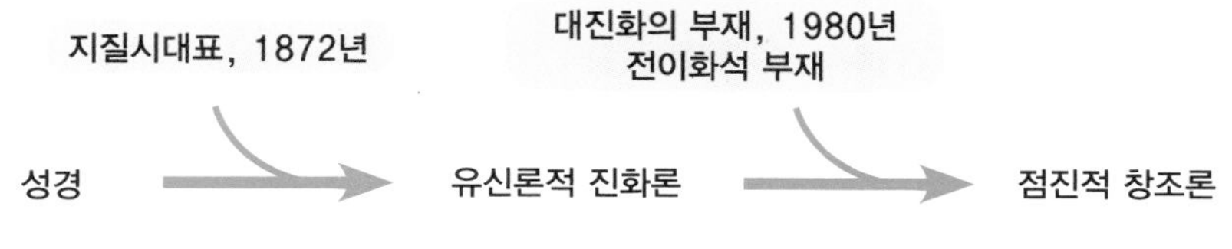

다중격변설: 창조와 멸종이 반복될 때마다 격변이 발생한다

2006년 또 하나의 타협이론이 등장했다. 한국에서 만들어진 타협이론으로 20세기 말부터 부상하기 시작한 다중격변설 이론이다.[10] 이

10 양승훈, 《창조와 격변》, 예영, 2006.

이론은 하나님이 수십억 년 동안 창조와 멸종을 반복하다가 아담을 창조하셨는데, 멸종을 시킬 때마다 홍수 심판 같은 격변을 사용하셨다는 타협이론이다. 그들은 외계에서 날아오는 운석이 격변의 원인이라고 주장한다. 쉽게 말해서 지질시대표의 순서대로 창조되었다는 점진적 창조론에 격변설을 첨가한 이론이다.

앞서 언급한 대로 1800년대 초부터 지질학자들이 오랜 세월에 걸쳐 퇴적과 침식 과정을 통해 지층이 형성되었다는 동일과정설을 받아들였다. 그러나 1970년대에 그들의 태도에 변화가 일기 시작했다. 동일과정설에 대해 회의적인 반응이 나타나기 시작한 것이다. 왜냐하면 실제 관찰되는 자연 과정이나 실험 결과들을 보면, 동일과정으로는 지층, 화석, 석탄, 산, 골짜기 등이 형성되기 어렵다는 결론에 다다랐기 때문이다. 오히려 짧은 시간에 큰 에너지가 필요한 격변적 과정을 통해서만 형성이 가능했다. 이러한 이유로 20세기 말부터 지질학계는 격변론에 힘이 실리기 시작했다.

이처럼 다중격변설은 지질학자들의 기존 자세가 변화하는 분위기에서 등장했다. 그러나 진화론자들이 붙들고 있는 수십억 년의 지질시대표는 여전히 고수하고 있다. 다중격변설은 세상이 변하는 만큼 성경을 보는 관점도 바꾸자는 점에서 유신론적 진화론이나 점진적 창조론과 동일한 자세라고 볼 수 있다. 이 세 가지 타협이론의 공통점은 지질시대표를 진짜 역사로 본다는 것이다.

다중격변설 역시 지질시대표가 존재하지 않는다면 일부러 만들 필요가 없는 이론이다. 다중격변설은 한국에서 등장했는데, 이에 관하여는 책 후반부에서 자세히 다룰 것이다.

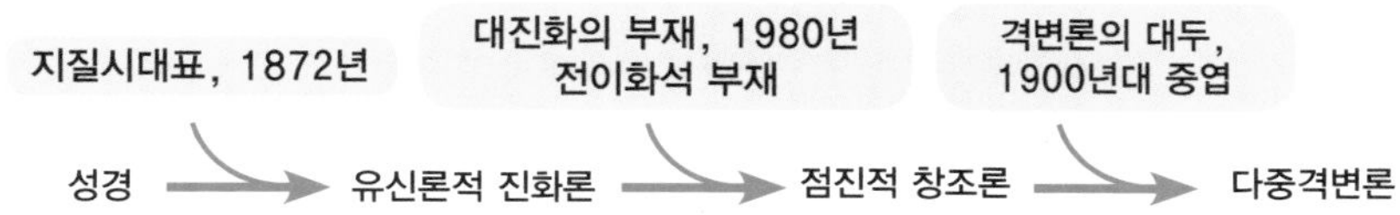

간격이론: 창세기 1장 1절과 2절 사이에 수십억 년이 흘렀다

간격이론(Gap Theory)은 창세기 1장 1절과 2절 사이에 수십억 년의 간격이 있다고 주장하는 타협이론이다. 이를 주장하는 사람들은 하나님이 1절에서 세상을 창조하신 후에 2절과 3절 사이에 큰 심판이 있었으며, 그 후 3절부터 지금의 세상을 재창조하셨다고 말한다. 그래서 이 이론을 '재창조설'이라 부르기도 한다.

간격이론은 다른 타협이론들보다 역사적으로 먼저 나타났는데, 계몽주의가 시작된 1600년대에 등장했다. 그러나 동일과정설을 주장한 라이엘의 《지질학 원리》(1830년)와 지질시대표(1872년), 진화론을 주장한 다윈의 《종의 기원》(1859년) 등이 출판되기 훨씬 이전이라 대중화되지 못한 채 폐기되다시피 했다. 그러다가 1800년대 초 동일과정설이 널리 퍼지고, 학계에서 '오랜 지구 나이'가 거론되는 시점에 신학자 찰머스(Thomas Chalmers, 영국, 1780~1847)[11]와 목사이자 지질학자인 버클랜드(William Buckland, 영국, 1784~1856)에 의해 다시 대두되었다.

그 후 지질시대표가 만들어지자 간격이론 옹호자들은 창세기 1장

---

11 I. Taylor, *In the Minds of Men: Darwin and the New World Order*, TFE Publishing, Toronto, Canada, 1984, 363.

어딘가에 지질시대표의 오랜 기간을 넣으려는 시도를 했다. 이어 창세기 1장을 해석한 여러 주석 성경들이 간격이론을 수록하면서 일반인들에게도 널리 알려지게 되었다. 간격이론을 소개한 주석 성경들은 한결같이 그 내용에서 진화론을 지지하고 있다. 예를 들면, "(오랜 지구) 나이를 동의할 때, 창세기 1장 1절과 2절 사이에 수백만 년의 시간 간격을 넣으면 창세기와 과학 사이의 모순이 사라진다"는 식이다.[12] 특히 《스코필드 주석성경》이 이를 소개함으로써 대중화에 공헌했는데, "화석은 원시 창조로 설명되며, (그러면) 창세기의 우주 진화 모양과 과학에 모순이 없다"는 내용의 주석을 넣었다.[13] 이런 상황에서 1970년에 커스탄스(Arthur Custance, 캐나다, 1910~1985)가 《혼돈과 공허》(Without Form and Void)[14]라는 책을 통해 간격이론을 옹호한 것이 계기가 되어 신학교에도 이 이론이 보급되기 시작했다. 즉 간격이론은 역사적으로는 가장 먼저 등장했으나 교회에 파급된 시점은 유신론적 진화론과 점진적 창조론의 중간 즈음이라고 할 수 있다.

간격이론은 실제로는 아무 간격도 없는 창세기 1장 1절과 2절 사이에 수십억 년을 끼워 넣고 성경에는 언급되지 않은 이야기를 상상하여 주장했다. 그들은 성경의 난해한 문제들을 이 간격에 넣기를 서슴지 않았다. 예를 들면, 사탄이 이때 타락했고, 타락한 사탄을 가두기 위해서 하나님이 재창조하셨다고 말한다. 또 그때 사탄 루시퍼의 홍수가 있었다고 주장하기도 한다. 자신들이 임의로 만든 간격이기 때

12 F. H. Dake, ***Dake's Annotated Reference Bible***, Dake Bible Sales, Lawrenceville, Georgia, 1961, 51.

13 C.I. Scofield, Ed., ***The Scofield Study Bible***, Oxford University Press, New York, 1945.

14 A.C. Custance, ***Without Form and Void***, Brookville, Canada, 1970.

문에 이들은 그동안에 일어났을 법한 이야기도 쉽게 만들어 버렸다. 사탄과 귀신을 강조하는 이단들이 이 이론을 많이 선호한다.

간격이론을 주장하는 사람들의 가장 큰 특징은 지구가 창조될 때의 모습을 나타내는 2절을 대혼란(chaos) 또는 무질서(disordered)로 보는 것이다. 개역개정 성경도 "혼돈하고 공허하며"로 번역함으로써 무질서하고 혼란스러운 분위기를 느끼게 한다. 그러나 영어 성경은 대부분 "formless and empty"(NIV) 또는 "formless and void"(NASB)로 번역되었으며, 〈우리말성경〉이 이처럼 "형태가 없고 비어 있었으며"로 번역했다. 실제로 이 단어는 나쁜 상황의 무질서를 의미하는 것이 아니라 중립적인 표현이다.

창세기 1장 전체를 살펴보면, 매번 "하나님이 보시기에 좋았더라"라고 하는 것으로 보아 2절 역시 '보시기에 좋았던' 모습의 일부임에 틀림없다. 그리고 그것은 창조되기 전의 모습이 아니라 창조되었을 때의 모습이다. 그러므로 전능하고 선하신 하나님의 능력과 성품을 드러냄에 틀림없다.

성경은 죄가 세상에 들어오기 전까지의 창조 과정에서 "보시기에 좋았더라"고 할 뿐만 아니라 하나님이 창조하시기 이전 상태도 좋았다고 말한다. 성경에서 창조 이전을 가장 분명히 엿볼 수 있는 곳은 요한복음 17장일 것이다. 예수님이 붙잡혀 가기 전에 최후의 만찬에서 제자들을 위해 기도하신 내용이 한 장에 걸쳐 기록되어 있다. 이때 예수님이 "창세 전"(before the world was, NASB)이란 표현을 두 번 하셨다.

아버지여 창세 전에 내가 아버지와 함께 가졌던 영화로써 지금도

아버지와 함께 나를 영화롭게 하옵소서(요 17:5)

아버지께서 창세 전부터 나를 사랑하시므로(요 17:24)

예수님이 거기 계셨던 창조주이기에 하실 수 있는 말씀이다. 즉 창세 전에 아버지 하나님과 아들 예수님이 서로 영광을 주고받으며 사랑하셨던 것이다. 그 연장선에서 세상이 창조되었다. 그리고 창조하실 때마다 보시기에 좋았다고 하셨다. 완전히 좋은 상황에서 주님의 전능하심과 선하심이 어우러져 세상이 창조된 것이다.

그러므로 세상을 창조하실 때 혼돈과 무질서가 있었을 리 없으며, 사탄을 가두기 위해 세상을 재창조하신 것도 아니다. 그러므로 간격이론 옹호자들이 주장하는 창세기 1장 1절과 2절 사이에 대혼란이 있다는 해석은 성경 전체로 볼 때 어울리지 않는다.

필즈(Weston W. Fields)는 간격이론이 얼마나 잘못되고 위험한지를 설명하기 위해 창세기 1장 2절의 번역에 관해 책 한 권을 썼다.[15] 그는 창세기 1장뿐 아니라 성경 전체를 볼 때, 2절은 무질서가 아닌 "unformed and unfilled", 즉 "아직 형태가 이루어지지 않고 채워지지 않아 비어 있는" 창조의 한 과정으로 번역하는 것이 옳다고 주장했는데, 타당한 해석이라고 생각한다.

실제로 이사야서 45장에도 "그가 땅을 … 혼돈하게 창조하지 아니하시고"(사 45:18)라고 기록되었다. 이 구절을 영어 성경은 "He did not create it a waste"(NASB) 또는 "he created not in vain"(KJV)으로 번역했다.

---

15 Weston Fields, *Unformed and Unfilled: A Critique of the Gap Theory*, Master Books, 2005

이처럼 땅은 결코 혼돈스럽게 창조되지 않았다. 그런데도 긴 시간을 넣으려는 의도가 무엇일까? 성경 어딘가에 진화론적 긴 연대를 넣어야만 믿어질 것 같은 마음에서다. 그러나 지구상에 지질시대라는 진화 역사가 존재하지 않으므로 이런 이론 또한 억지로 만들 필요가 없다. 더욱이 간격이론의 역사는 진화론자들도 받아들이지 않는다. 전적으로 진화론과 성경을 타협하려는 의도에서 비롯된 것이다.

지금까지 살펴본 바와 같이 타협이론의 깊은 뿌리는 지질시대표에 있다. 지질시대표를 얼마만큼 수용하고, 지질시대를 어디에 넣느냐에 따라 타협이론의 모양이 결정된다. 그러므로 지질시대라는 과거 역사가 없다면, 타협이론 역시 성립되지 않는다.

간격이론, 유신론적 진화론, 점진적 창조론, 다중격변설은 모두 인간이 죄를 짓기 전에 생물이 멸종했다는 주장을 받아들인다. 이는 '보시기에 심히 좋게' 창조하신 하나님의 성품과 죄의 삯이 죽음이므로 십자가 대속을 이루신 예수 그리스도의 복음을 심각하게 훼손시킨다. 우리가 이들을 간과할 수 없으며, 반드시 점검해야 하는 중요한 이유이다.

교회는 왜 타협이론을 받아들였나?

타협이론이 등장하자 오래지 않아 교회들이 이를 쉽게 수용했다. 그 이유를 몇 가지로 정리할 수 있다.

첫째, 지질시대표가 보여 주는 수십억 년의 진화 역사가 사실인 것 같았기 때문이다.

둘째, 진화론적 지질시대를 받아들이지 않으면 교회와 크리스천이 시대에 뒤떨어졌다고 비판받을까 염려되었기 때문이다.

셋째, 진화론이 이미 보편화 되었으므로 보편적인 생각을 따르는 것이 전도에 더 효과적이라고 여겼기 때문이다.

넷째, 자신이 예수 그리스도를 믿기 때문에 진화론적 지질시대를 수용해도 신앙을 유지하는 데 별 지장이 없다고 믿으며 자기 자녀들도 예수님만 믿으면 된다는 안이한 생각을 했기 때문이다.

다섯째, 진화론이 교과서에 실렸으므로 크리스천 자녀가 공부하는 데 혼란을 겪을까 우려했기 때문이다. 특히 과학을 공부하는 데 걸림돌이 되지 않을까 걱정했다.

타협이론을 만든 사람들은 이런 이유들로 자기들이 만든 이론을 받아들여야 한다고 주장했다. 많은 교인들이 이에 수긍했다. 오늘날에도 타협이론을 주장하는 사람들은 그런 이유들을 내세우며 정당성을 피력한다. 안타깝게도 많은 교회와 교인들이 타협이론을 별 문제의식 없이 쉽게 받아들이고 있다.

part 2

타협의 기준과 점검

교회와 크리스천들이 타협이론을 수용해도 되는가에 관해 '성경, 과학, 열매' 세 가지를 점검하는 것이 도움될 것이다.

타협이론을 주장하는 사람들 역시 이 세 가지를 통해 자신들의 이론을 받아들여야 한다고 주장한다. 그들은 이 이론이 성경적으로 문제없다고 말한다. 또한, 과학적 증거들이 수십억 년의 진화 역사와 일치한다고 주장하며, 이 이론을 받아들여야 교회와 사회가 바른 열매를 맺을 수 있다고 주장한다. 특별히 다음 세대에 신앙을 전수하는 데 타협이론이 바른 방법이라고 주장한다.

그들의 주장대로, 타협이론이 정말로 성경, 과학, 열매와 조화를 이루는가? 세 가지 점검 사항을 요약하면 다음과 같다.

첫째, 성경 전체와 조화를 이루는 이론인가?

- 하나님의 성품 및 능력과의 조화: 이 이론들이 성경 전체에서 말하는 하나님의 성품과 능력에 어울리는가?
- 복음과의 조화: 타협이론이 성경에서 말하는 예수 그리스도의 복음과 조화를 이루는가?
- 성경은 과거를 알기 위해 어떤 자세를 갖추라고 하는가?: 오늘날 말하는 역사과학을 하기 위한 자세를 의미한다.
- 창세기에 기록되었는가?: 성경에 수십억 년의 생존경쟁, 자연선택, 돌연변이 등과 같은 진화 메커니즘을 허용했다거나 또는 지질시대표에서 보여 주는 화석의 순서대로 창조했다는 기록을 찾

을 수 있는가?

둘째, 과학적으로 확립된 것인가?

타협이론은 진화론과 지질시대표가 과학에 기반을 두었다고 하는데, 과학적으로 확립된 이론이 맞는가? 이것은 창조과학을 다룬 여러 문헌에서 이미 지적된 바 있다. 또한 지질시대표에 관하여 이미 다루었으므로 이번 장에서는 자세히 다루지 않겠다. 그러나 한국에서 등장한 타협이론을 예로 다룰 때에 그들이 증거로 내세운 부분에 관하여는 그 문제점을 언급할 것이다.

셋째, 그 열매가 무엇인가?

타협이론을 수용할 때, 교회와 사회가 어떤 결과를 얻는가? 이 이론을 받아들여야만 다음 세대에 신앙을 전수할 수 있다고 말하는데 과연 그런 결과를 얻었을까?

타협이론들은 기본적으로 지질시대표라는 진화 역사에 뿌리를 두고 있다. 즉 기본 전제에서 서로 간에 별 차이가 없다는 뜻이다. 그래서 문제점들도 대부분 겹친다.

01

타협이론은 하나님의 성품과 능력에 맞는가

크리스천이라면 다른 무엇보다 먼저 성경에 나타난 하나님을 알아야 한다. 하나님을 바르게 알아야만 타협이론과 같이 사람의 생각에서 나온 것들을 쉽게 분별할 수 있기 때문이다.

하나님의 성품과 능력에 관해 성경이 일관되게 보여 주는 몇 가지 예를 살펴볼 것이다. 인간의 제한된 이해력으로는 한 단어로 하나님의 성품과 능력을 알 수 없기 때문에 성경은 다양한 단어를 통해 그분을 표현한다. 그러나 하나님의 여러 성품들은 독립된 것이 아니라 한 분에 관한 표현이므로 서로 연결되어 있고 모순되지 않으며 총체적이다. 따라서 표현들 중에 한 가지만 불신해도 나머지 성품과 능력이 자동적으로 손상된다.

하나님은 거룩하시다

'거룩'이란 불완전함, 죄, 피조물과 격리된 완전하고 깨끗한 상태다.

> 여호와여 신 중에 주와 같은 자가 누구니이까 주와 같이 거룩함으로 영광스러우며 찬송할 만한 위엄이 있으며 기이한 일을 행하는 자가 누구니이까(출 15:11)

> 여호와와 같이 거룩하신 이가 없으시니 이는 주밖에 다른 이가 없고 우리 하나님 같은 반석도 없으심이니이다(삼상 2:2)

하나님은 창세기 1장에서 창조를 마치고 나서 2장에서 일곱째 날을 '거룩'하게 하셨다(창 2:3). 피조물들에 자신의 거룩한 성품을 그대로 드러내셨음을 보여 주는 것이다. 또한 그분은 흠없이 거룩하시기에 거룩하지 않은 자들을 심판하실 수 있다.

타협이론들은 기본적으로 수십억 년 동안 진화와 멸종이 반복되다가 인간이 등장했다는 지질시대표를 실제 역사로 간주한다. 이는 흠없고 거룩하신 하나님을 죽음과 멸종 같은 저주를 이유 없이 내리는 분으로 바꿔 버린다.

거룩하신 하나님이 자신이 창조한 피조물을 저주하며 변화시킬 유일한 이유는 인간의 죄 이외에는 없다. 인간의 죄로 인해 피조물을 저주하시며 자신의 거룩하심을 더욱 분명히 하신 것이다. 그러나 타협이론을 받아들인다면 지질시대표를 보며 하나님의 거룩하심을 찾아야 하는데, 어디에도 그런 모습을 찾아볼 수 없다.

하나님은 거짓이 없으시다

하나님은 거짓말하지 않으신다. 그분은 추측하지 않으신다. 단지 옳은 일만 하신다. 우리를 속이지 않으신다. 과거에 없었던 일을 있었다고 하지 않고, 있었던 일을 없었다고 하지도 않으신다. 거짓말을 할 필요가 없고, 하지도 않기에 후회도 없으시다. 그러므로 하나님은 무한히 신뢰할 수 있는 유일한 분이다.

> 하나님은 사람이 아니시니 거짓말을 하지 않으시고 인생이 아니시니 후회가 없으시도다(민 23:19)

> 사람은 다 거짓되되 오직 하나님은 참되시다 할지어다 기록된 바 주께서 주의 말씀에 의롭다 함을 얻으시고 판단 받으실 때에 이기려 하심이라 함과 같으니라(롬 3:4)

> 이는 하나님이 거짓말을 하실 수 없는 이 두 가지 변하지 못할 사실로 말미암아 앞에 있는 소망을 얻으려고 피난처를 찾은 우리에게 큰 안위를 받게 하려 하심이라(히 6:18)

하나님은 거짓이 없으시기 때문에 거짓으로 가득 찬 우리에게 거짓 없는 과거 사실을 알려 주고 싶으셨으며, 실제로 그렇게 하셨다. 그래서 계시하신 책이 바로 성경이다. 과거에 일어나지 않은 것을 일어났다고 하는 것이 거짓말이다.

그런데 타협이론과 같이 성경과 반대되는 생존경쟁이나 자연선택에 의해 인간이 등장했다는 진화 역사를 받아들이자고 주장하는 것은 성경이 거짓 역사이며 하나님이 일어나지도 않은 역사를 계시하시는 거짓말쟁이라고 말하는 것이다.

하나님은 가감 없이 자신이 창조하신 모습을 창세기 1장에 담아 두셨다. 그것이 사실이기 때문이다. 이 기록을 그대로 받아들일 때, 하나님의 나머지 성품과 능력도 그대로 인정하게 된다.

하나님은 전지하시다

하나님은 모든 것을 아시는 분이다. 하나님은 어떤 것을 서서히 터득해 가는 분이 아니다. 처음부터 모든 것을 완전히 아는 지식의 소유자이므로 불완전에서 자유하시다. 그분의 모든 계획과 목적은 전지하심에서 나온다.

모든 것을 알기에 실험하거나 시도할 필요도 없으시다. 즉 하위 생물부터 만들어 볼 필요도 없고, 그렇게 하지도 않으셨다. 모든 것을 알기에 그분의 결정은 혼란스럽지 않다. 그러므로 하나님을 가르칠 게 아니라 그분께 배워야 하며, 그분이 말씀한 것을 그대로 받아들여야 한다.

> 여호와여 주께서 하신 일이 어찌 그리 많은지요 주께서 지혜로 그들을 다 지으셨으니 주께서 지으신 것들이 땅에 가득하니이다(시 104:24)

> 그가 누구와 더불어 의논하셨으며 누가 그를 교훈하였으며 그에게 정의의 길로 가르쳤으며 지식을 가르쳤으며 통달의 도를 보여 주었느냐(사 40:14)

하나님은 창조하시기 전부터 창세기 1장 그대로 창조할 계획을 세우셨으며 계획대로 될 것도 아셨고, 또 그대로 되었다. 전지와 전능의 완벽한 조화를 보여 주신 것이다.

그러나 타협이론은 적자생존과 돌연변이라는 상황에 따라 변해 왔다는 무계획적인 창조를 수용할 것을 요구한다. 심지어는 지적 계획이 전혀 없는 우연을 설계 방법이라고 주장하기도 한다. 이는 하나님의 전지하신 성품과 동떨어진, 결코 조화로울 수 없는 방법이다.

하나님은 전능하시다

하나님은 전능하시기에 그분이 만드신 부속품들은 처음부터 질서있게 작동했고, 모든 생명이 그분이 제한하신 환경하에 완벽히 기능하며 재생산했다. 주님은 기능 없는 것들을 창조하거나 다듬지 않으신다. 그분에게 우연이란 없으며, 쓸데없는 위치에 붙어 있는 것도 없고 낭비도 없다. 전능하심으로 인해 기뻐하신 뜻을 반드시 이루신다.

> 너희는 눈을 높이 들어 누가 이 모든 것을 창조하였나 보라 주께서는 수효대로 만상을 이끌어 내시고 그들의 모든 이름을 부르시나니 그의 권세가 크고 그의 능력이 강하므로 하나도 빠짐이 없느니라(사 40:26)

창조자이자 구원자이신 예수님은 자신을 "이제도 있고 전에도 있었고 장차 올 자요 전능한 자"(계 1:8)로 말씀하셨다. 그리고 이 땅에 오셨을 때, 수많은 기적을 통해 자신이 전능자임을 보여 주셨다. 하나님은 자신의 전능하심을 언제나 보여 주신다. 창조 때도 예외가 아니다. 피조물을 보면, 처음부터 기능의 낭비 없이 완벽하게 창조하신 그분의 전능하심을 확인할 수 있다.

그러나 타협이론을 받아들일 경우에 하나님의 전능하심은 크게 손상될 수밖에 없다. 진화론은 완벽하게 기능하지 못하는 불완전한 생물들이 자연선택에 의해 멸종되었다는 것을 반드시 전제해야 하기 때문이다. 이는 하나님의 전능하심을 무시한 처사라 할 수 있다. 만약 타협이론 지지자들이 말하는 대로 지질시대표가 우리 역사라면 불완전한 창조와 도태 과정이 반드시 존재해야 하는데, 이는 하나님의 전능하심과 반대된다.

하나님이 생명이시다. 하나님에 의해 드러난 모든 것들은 그의 생명이라는 영원한 존재 위에 초점이 맞추어 있다. 성경 어디에도 생명의 하나님이 죽음을 창조하셨다는 흔적이 없다. 죽음은 인간의 죄에 대한 대가다. 성경 어디에도 하나님이 설계하신 피조물에 죽음이 좋다고 암시하는 곳이 없다. 죽음은 생명의 하나님과 분리됨을 의미한다. 죽음은 생명의 정지이며 모든 것이 파괴됨을 의미한다. 그러므로 죽음은 하나님의 창조 과정과는 절대 어울릴 수 없다.

> 진실로 생명의 원천이 주께 있사오니 주의 빛 안에서 우리가 빛을 보리이다(시 36:9)

그러므로 창조주 예수님은 자신을 "길이요 진리요 생명"(요 14:6)이요, "부활이요 생명"(요 11:25)이라고 말씀하셨다.

성경은 하나님의 형상에게 생명이 먼저 들어왔다고 말한다. 그러고 난 뒤, 첫 부부의 범죄로 인해 "죄의 삯인 사망"이 들어왔다. 타협이론을 받아들인다면 하나님의 성품을 거꾸로 이해해야 한다. 왜냐하면 지질시대표의 역사를 볼 때 아담이 창조되기 전에 이미 수많은 동물들이 죽었어야 하기 때문이다. 이 논리는 하나님의 형상에 주님의 생명이 불어넣어지기도 전에 죽음이 먼저 들어왔다고 인정해야 한다. 또한 인간이 죄를 저지르기도 전에 하나님이 수십억 년 동안 죽음을 묵과하셨어야 한다.

이는 생명되신 하나님의 성품과는 전적으로 반대다. 이같이 타협이론은 성경과 정반대의 역사를 믿도록 요구한다.

하나님은 선하시다

하나님은 선하시므로 그분 안에는 불변의 성품과 상반되는 어떤 것도 존재하지 않는다. 그러므로 그 지으신 피조물에도 흠이 있을 수 없다. 모든 피조물이 처음부터 설계된 그대로 선하게 기능한다. 그래서 창조할 때마다 "보시기에 좋았더라"고 반복하신 것이다.

성경에 하나님과 관련하여 "선하다"는 뜻의 히브리어 단어가 500회 이상 등장한다. 창조의 마지막인 사람을 지으신 후에는 "심히 좋았다"(very good, NASB)고 선언하셨다. 이는 정말로 피조물들이 주님의 성품에 맞게 기능하고 있음을 말한다. 모든 무생물의 분자와 각 생물의 기관들이 흠 없이 완벽하게 기능하고 있음을 가리키는 것이다. 그러므로 창세기 3장에 기록된 사람의 범죄 이전에는 주님의 성품과 상반되는 어떤 결함이나 죽음이 존재하지 않았고 그런 언급조차 없다.

> 여호와는 선하시고 정직하시니 그러므로 그의 도로 죄인들을 교훈하시리로다(시 25:8)

> 여호와께 감사하라 그는 선하시며 그 인자하심이 영원함이로다(시 136:1)

창조자이며 구원자이신 예수님은 자신을 '선한 목자'로 부르셨다(요 10장). 하나님의 성품에 선하지 않은 부분은 한 군데도 찾을 수 없다. 하나님은 창조할 때마다 '보기에 좋다'고 반복하셨다. 자신의 중요한 성품을 드러내신 것이다. 이 같이 피조물들은 하나님의 흠 없이 선하심을 명백하게 드러냈다.

그런데 타협이론 지지자들은 하나님의 선하신 성품을 심각하게 손상시킨다. 그들이 실제 역사로 여기는 지질시대표는 인간이 죄를 짓기도 전에 이미 수많은 경쟁, 멸종, 피 흘림이 있었다고 주장한다. 과연 그런 모습이 '보시기에 좋았다'는 그분의 성품과 조화를 이룰 수 있을까? 피조물이 고통을 겪는 것은 우리 죄악 때문이며, 그 죄가 해결되고 완전히 회복될 미래를 바라보며 참는 것이 지금의 모습이다(롬 8:22~25).

하나님은 초월자이시다

하나님은 인간을 비롯한 모든 피조물 너머에 계신다. 이런 성품을 가지셨기에 하나님은 스스로 존재하시는 분이다. 스스로 존재하지 않는다면 진정한 창조자가 될 수 없다. 모든 것을 초월해 존재하는 분이기에 역사의 주관자가 되신다. 역사에 끌려가지 않고, 역사를 이끄신다. 또한 자연법칙에 종속되는 분이 아니라 자연법칙을 창조하신 분이다. 전능한 초월자이므로 법칙과 동시에 물질을 창조하셨다. 실제로 자연법칙이 처음부터 완전하지 않았다면 피조물은 존재할 수 없었다.

그러므로 하나님은 법칙의 창조자이실 뿐 아니라 모든 법칙도 창조자 하나님을 인정한다.

> 태초에 하나님이 천지를 창조하시니라(창 1:1)

> 나는 스스로 있는 자이니라(출 3:14)

> 네가 하늘의 궤도를 아느냐 하늘로 하여금 그 법칙을 땅에 베풀게 하겠느냐(욥 38:33)

예수님은 자신에 관해 "처음부터 너희에게 말하여 온 자"(요 8:25)라고 하셨고, 골로새서에서는 스스로 "만물보다 먼저"(골 1:17) 계셨다고 말한다. 또한 이 땅에 오셔서 수많은 기적을 행하셨다. 이는 예수님 자신이 모든 것을 초월한 창조자임을 보여 주신 것이다.

유신론적 진화론자들은 하나님이 기적을 통해 창조하신 것이 아니라 원래 창조 세계에 부여하셨던 자연법칙을 따라 창조하셨다고 말한다. 그러나 이는 하나님에 대해 반대로 말한 것이다. 자연법칙, 물질세계, 생명체 등 우주의 어느 것 하나도 초월적인 창조 없이는 존재할 수 없다. 모든 것을 초월하신 분이 아니라면 완전한 법칙도 물질도 만들 수 없다. 지금도 완벽하게 운행되는 피조물은 그분의 초월하심을 보여 준다.

타협이론을 지지하는 자들의 생각은 하나님이 역사의 주관자이심을 모호하게 만들어 버린다. 하나님은 자연법칙을 포함한 모든 것의 초월자로서 역사도 주관하신다.

하나님의 성품과 능력은 앞서 언급한 것이 다가 아니다. 하나님은 완전하며, 영이며, 사랑이며, 인격체이시다. 성경은 주님의 성품과 능력을 반복해서 분명하게 밝힌다. 또한 하나님의 성품은 능력과 구별하여 설명할 수 있는 것이 아니며, 나열된 그분의 성품과 능력들이 각기 독립적이지도 않다. 그러므로 성품을 왜곡하면 능력이 모호해지고, 능력을 왜곡시키면 성품이 애매해진다. 성품 중에 어느 하나라도 왜곡하면 다른 성품과의 조화가 깨지며, 능력에 대해서도 마찬가지다.

앞에 언급된 7가지 속성을 가지신 분만이 진리다. 이처럼 우리는 특별하게 계시된 성경을 통해서만 하나님이 누구이신지를 알 수 있으며, 피조물들 역시 창조자의 성품에 따라 처음부터 완벽히 기능하도록 창조되었음을 알 수 있다.

타협이론을 받아들이면 이 같이 성경에서 일관되게 보여 주는 하나님의 성품을 인정하지 않게 되거나 심하게 훼손시킨 상태로 신앙을 유지해야 한다. 그러므로 바른 신앙이 나올 수가 없다.

02

타협이론은 복음을 부정한다

복음이란 성자 예수님이 십자가에서 돌아가심으로써 하나님의 형상인 우리의 죗값을 대신 지불하신 것을 말한다. 그리고 기독교의 나머지 교리는 이 복음을 기초로 한다. 그러므로 예수님이 이 땅에 오셔서 죗값을 지불하기 전에 분명히 죄가 세상에 들어온 순간이 있어야 한다. 그 순간은 우리 스스로 깨달아 알 수 없으며 하나님이 특별히 계시하신 오직 성경에서만 찾을 수 있다. 왜냐하면 하나님이 복음의 주체이시기 때문이다.

좋았던 처음과 죽음 그리고 마지막 아담

성경은 하나님이 세상을 창조할 때 계속해서 "보시기에 좋았다"고 말씀하셨다고 기록한다. 앞서 다루었듯이 창조에는 그분의 전능하고 선하신 성품이 그대로 드러나 있다. 그뿐 아니라 창조하실 때는 죄나 죽음이라는 단어가 전혀 등장하지 않았으며 그럴 기미조차 없었다.

그러나 첫 사람 아담과 하와의 범죄로 말미암아 '좋았던 상황'이 돌변했다. 세상에 죽음이 들어온 것이다(창 2:17; 창 3:19 참조). 바울이 "죄의 삯은 사망"(롬 6:23)이라고 말했는데, 이때 사망의 근거가 되는 죄가 들어왔다. 이 사건으로 인해 창조자이신 예수님이 이 땅에 오셔서 십자가에서 우리의 죗값을 대신 지불하시고, 우리가 거룩하신 하나님과 다시 화목하며 좋았던 처음 그때로 돌아갈 수 있도록 길을 여셨다.

> 12 그러므로 한 사람으로 말미암아 죄가 세상에 들어오고 죄로 말
> 미암아 사망이 들어왔나니 이와 같이 모든 사람이 죄를 지었으므
> 로 사망이 모든 사람에게 이르렀느니라… 아담은 오실 자의 모형이
> 라… 15… 한 사람의 범죄를 인하여 많은 사람이 죽었은즉 더욱 하
> 나님의 은혜와 또한 한 사람 예수 그리스도의 은혜로 말미암은 선
> 물은 많은 사람에게 넘쳤느니라 16 또 이 선물은 범죄한 한 사람으
> 로 말미암은 것과 같지 아니하니 심판은 한 사람으로 말미암아 정
> 죄에 이르렀으나 은사는 많은 범죄로 말미암아 의롭다 하심에 이름
> 이니라 17 한 사람의 범죄로 말미암아 사망이 그 한 사람을 통하여
> 왕 노릇 하였은즉 더욱 은혜와 의의 선물을 넘치게 받는 자들은 한

분 예수 그리스도를 통하여 생명 안에서 왕 노릇 하리로다 18 그런
즉 한 범죄로 많은 사람이 정죄에 이른 것같이 한 의로운 행위로 말
미암아 많은 사람이 의롭다 하심을 받아 생명에 이르렀느니라 19 한
사람이 순종하지 아니함으로 많은 사람이 죄인 된 것 같이 한 사람
이 순종하심으로 많은 사람이 의인이 되리라 20 율법이 들어온 것은
범죄를 더하게 하려 함이라 그러나 죄가 더한 곳에 은혜가 더욱 넘
쳤나니 21 이는 죄가 사망 안에서 왕 노릇 한 것같이 은혜도 또한 의
로 말미암아 왕 노릇 하여 우리 주 예수 그리스도로 말미암아 영생
에 이르게 하려 함이라(롬 5:12~21)

이처럼 성경은 아담 한 사람 때문에 세상에 죄가 들어왔고, 그 죄로 인해 사망이 왔다고 말한다. 그리고 어느 누구도 사망에서 벗어날 수 없다고 말한다. 오직 사람으로 오신 예수 그리스도 한 분의 은혜로만 영생에 이를 수 있는 것이다.

그래서 첫 사람 아담을 뒤에 오실 예수님의 '모형'이라고 했다. 이것을 영어 성경은 각각 'type'(NASB), 'pattern'(NIV), 'figure'(KJV)로 번역했다. 성경은 예수님을 아담과 비교하여 '마지막 아담'으로 부르기도 한다.

기록된 바 첫 사람 아담은 생령이 되었다 함과 같이 마지막 아담은 살려 주는 영이 되었나니(고전 15:45)

왜 성경은 아담을 예수님의 모형이라 하고, 예수님을 마지막 아담

이라고 했을까? 우리 가운데 죄짓지 않은 사람은 아무도 없다. 그러나 인류 역사상 죄를 짓지 않은 사람이 딱 한 명 있는데, 바로 죄짓기 전의 아담이다. 예수님은 자기 형상을 닮은 인간의 몸으로 오셨는데, 흠 없는 어린양으로 오셨다(요 1:29; 행 8:32; 히 9:14; 계 21:23). 즉 죄 없는 인간의 모습으로 오신 것인데, 그렇게 오셔야만 했다. 그러므로 죄 없던 첫 사람 아담이 곧 예수님의 모형이 되고, 예수님이 우리 죄를 완벽히 대속하여 더 이상 죽을 필요가 없어졌기 때문에 마지막 아담이 되신 것이다.

타협이론들을 받아들이면, 처음이 좋았던 창조와 첫 사람 아담과 원죄를 부정하게 되며 결국에는 마지막 아담이신 예수 그리스도까지 부정하게 된다. 다시 말해, 타협이론은 창세기 전반부를 모두 수정하도록 요구함으로써 예수님이 오신 이유를 없애 버린다. 나아가 앞으로 완전히 회복될 소망마저 막연하게 만들어 버린다. 즉 타협이론은 진화 역사를 주장함으로써 기독교의 핵심인 예수 그리스도의 복음을 성경과 전혀 동떨어진 것으로 바꾸어 버리는 것이다.

범죄로 인한 저주

하나님은 아담의 범죄로 인류의 죽음뿐 아니라 온 피조세계에도 저주를 내리셨다. 동물이 저주를 받았고(창 3:14), 땅이 저주 받아 가시덤불과 엉겅퀴를 내게 되었다(창 3:17~18). 하나님이 아담에게 세상을 다스리라 명령하셨으나(창 1:28), 그가 범죄하여 사람이 다스려야 할 모든 피조물에도 죄가 영향을 끼친 것이다.

저주는 상호 완벽한 관계로 창조된 피조물 간에 변화를 가져왔고, 피조세계를 다스려야 할 인간의 생활에도 큰 변화가 생겼다. 그래서 하나님은 땅을 저주하면서 사람이 평생 수고해야 할 것이라고 말씀하셨다.

> 땅은 너로 말미암아 저주를 받고 너는 네 평생에 수고하여야 그 소산을 먹으리라(창 3:17)

이 구절의 "수고하여야"를 영어 성경은 각각 'in toil'(NASB), 'through painful toil'(NIV), 'in sorrow'(KJV)로 번역했다. 곧 '수고함으로써', '괴롭도록 수고함으로써', '슬프게'라는 뜻이다. 이처럼 고통, 수고, 슬픔 등은 모두 범죄 후에 등장했다. 아담의 범죄 이전에는 이런 어려움들이 존재하지 않았다.

'저주'라는 단어는 인간의 원죄 사건에만 등장한 것이 아니다. 하나님이 세상을 물로 심판하신 홍수 심판 때도 등장했다. 홍수 심판을 끝내신 후, 하나님은 방주에서 나와 번제를 드리는 노아에게 "내가 다시는 사람으로 말미암아 땅을 저주하지 아니하리니"(창 8:21)라고 말씀함으로써 그 심판이 저주임을 직접 언급하셨다.

곧 이어서 "땅이 있을 동안에는 심음과 거둠과 추위와 더위와 여름과 겨울과 낮과 밤이 쉬지 아니하리라"(창 8:22)라고 말씀하여 심판 후에 전개될 상황을 설명해 주셨다. 그중에 "추위와 더위"는 홍수 심판 이전에는 등장하지 않던 단어다. 아담과 하와가 옷을 입지 않았을 정도로 날씨가 좋았던 세상이 홍수 심판 이후에 좋지 않게 변한 것이다.

홍수 심판에 이어서 하나님은 노아에게 "땅의 모든 짐승과 공중의 모든 새와 땅에 기는 모든 것과 바다의 모든 물고기가 너희를 두려워하며 너희를 무서워하리니"(창 9:2)라고 말씀하셨다. 심판 후에 인간과 동물의 관계가 더욱 악화될 것을 말씀하신 것이다. 이어서 "모든 산 동물은 너희의 먹을 것이 될지라 채소 같이 내가 이것을 다 너희에게 주노라"(창 9:3)고 말씀하며 채식하던 인간에게 육식을 허용하셨다(창 1:29 참조).

여기서 동물들 간의 관계를 유추해 볼 수 있다. 방주에 탔던 동물들이 그대로 밖으로 나왔던 것으로 보아(창 8:19), 방주 안에서 동물들 사이가 지금보다 훨씬 좋았던 것을 알 수 있다. 즉 홍수 심판 이후에 인간이 육식을 시작하자 이때부터 동물들 관계가 악화되었거나 약육강식이 시작되었음을 암시한다. 첫 사람 아담의 범죄로 인해 저주받았던 모든 피조물의 관계가 홍수 심판 후에 더욱 악화된 것이다.

성경은 이 상황을 "피조물이 다 이제까지 함께 탄식하며 함께 고통을 겪고 있는 것을 우리가 아느니라"(롬 8:22)라고 묘사한다. 아담의 범죄로 인해 모든 피조물이 고통을 겪고 있음을 말한 것이다. 또한 "그 바라는 것은 피조물도 썩어짐의 종 노릇 한 데서 해방되어 하나님의 자녀들의 영광의 자유에 이르는 것이니라"(롬 8:21)고 하며 온 피조물이 처음 좋았던 때로 완전히 회복되기를 바라고 있음을 밝힌다. 회복은 복음의 핵심인 예수 그리스도의 십자가 대속의 죽음을 통해서만 이루어진다.

회복이란 이전 상태로 돌아감을 의미한다. 성경에서 궁극적인 회복은 언제나 죄짓기 이전으로 돌아가는 것을 가리킨다. 그래서 예수 그리스도를 통한 죄 사함이 필요한 것이다. 변화 받아 만물이 회복되는 그곳으로 돌아갈 수 있기를 소망하는 것이다.

> 19 그러므로 너희가 회개하고 돌이켜 너희 죄 없이 함을 받으라 이
> 같이 하면 새롭게 되는 날이 주 앞으로부터 이를 것이요 20 또 주께
> 서 너희를 위하여 예정하신 그리스도 곧 예수를 보내시리니 21 하나
> 님이 영원 전부터 거룩한 선지자들의 입을 통하여 말씀하신 바 만
> 물을 회복하실 때까지는 하늘이 마땅히 그를 받아 두리라(행 3:19-21)

성경은 예수님의 복음을 말할 때, 신약성경의 처음인 마태복음부터 시작한다고 말하지 않으며, 예수님이 이 땅에 오셨던 생애만을 복음이라고 하지도 않는다. 모든 성경이 예수님에 관한 이야기라고 말한다. 보시기에 좋았던 창조, 하나님의 형상으로 지으신 첫 사람 아담과 하와, 죄로 인해 들어온 사망, 저주로 인해 첫 모습을 잃은 피조세계, 죄악이 가득 찬 땅과 그 위에 있는 모든 것을 쓸어버리신 홍수 심판, 그때 구원의 유일한 도구로 쓰인 방주와 거기에 탑승한 노아와 그의 가족들…. 성경은 이 모두가 역사적 사실의 기록이라고 말하며, 그 역사 속에 예수 그리스도가 늘 계셨다고 말한다. 예수님 자신도 그렇게 말씀하셨다.

> 이에 모세와 모든 선지자의 글로 시작하여 모든 성경에 쓴 바 자기에 관한 것을 자세히 설명하시니라(눅 24:27)

예수님이 말씀하신 "모든 성경"에는 예외가 없다. 그래서 사복음서는 예수님이 태어나기 이전의 구약시대도 그냥 지나치지 않는다. 마태복음은 아브라함의 족보, 마가복음은 이사야서의 예언으로 시작한다. 누가복음 3장의 족보는 아담을 너머 하나님에게까지 거슬러 올라간다. "태초에 말씀이 계시니라"로 시작된 요한복음 1장에서 예수님이 시간을 초월한 창조자이심을 언급한 이유가 바로 여기에 있다(요 1:1~3).

하나님이 수십억 년 동안 지질시대표대로 창조와 멸종을 반복하셨다는 점진적 창조론을 만든 휴 로스는 이런 문제점에 대하여 "죄로부터 해방을 기대하는 피조물의 신음은 150억 년 동안 지속되어 왔으며, 수많은 별들에 영향을 주었다"[16]고 말하며 성경에서 찾을 수도 없고 하나님의 성품에도 어울리지 않는 주장을 했다. 첫 사람 아담이 존재하지도 않은 진화론의 150억 년에 무슨 죄가 있었으며, 신음이 있었다는 것인지 논리적으로 맞지 않다. 하나님의 성품보다 진화론적 상상을 우위에 놓음으로써 나온 궤변이다.

성경은 "피조물도 썩어짐의 종노릇한 데서 해방되어 하나님의 자녀들의 영광의 자유에 이르는 것이니라 피조물이 다 이제까지 함께 탄식하며 함께 고통을 겪고"(롬 8:20~21) 있다고 말한다. 즉 피조물이 고대하는 것은 죄로 인해 지배받게 된 썩어짐에서 해방되는 것이다. 로스는 죄를 짓기도 전에 피조물이 신음했다고 성경과 반대로 말하고 있다.

성경은 아담과 하와가 범죄한 후에 하나님이 뱀에게 "모든 짐승보다 더욱 저주를 받아 배로 다니고 살아 있는 동안 흙을 먹을지니라"(창

---

16 Hugh Ross, *Facts for Faith*, "Anthropic Principle: A Precise plan for Humanity", Issue 8, 2002.

3:14)라고 저주하셨다고 분명히 언급하고 있다. 즉 뱀뿐 아니라 다른 모든 짐승이 저주를 받아 신음하게 되었다는 것이다. 이처럼 타협이론을 받아들이면 죄짓기 이전에 좋았던 상황을 성경 그대로 그려볼 수가 없다. 아담이 죄를 짓기도 전에 이미 죽음, 피 흘림, 경쟁이 있었어야 하며, 그것도 하나님이 수십억 년이라는 상상할 수도 없는 기간 동안 그것들을 허용하셨어야 한다. 이는 성경과 전혀 상반되는 역사관이다.

이는 결국 우리가 소망하는 천국의 모습까지 막연하게 만들어 버린다. 천 년이나 만 년도 아주 긴 시간인데, 수십억 년이란 대체 얼마나 긴 시간인가? 실제 존재하지도 않았던 그 오랜 시간 동안 하나님이 그런 끔찍한 상황을 묵과하셨다니 성경과 결코 조화롭지 않다.

한편 예수님이 오시기 전까지는 인간의 속죄를 위해 동물의 피가 대신 사용되었다. 하나님의 형상인 인간의 피와 비교할 수 없을지라도 동물의 피 역시 결코 소홀히 할 수 없는 생명의 상징이다. 그런데 사람이 창조되지도 않았고, 죄를 짓기도 전에 하나님이 그렇게 많은 동물을 죽이셨단 말인가?

크리스천은 여기서 중요한 사실 하나를 확인해야 한다. 진화 역사인 지질시대를 받아들이면 성경을 수정해야 한다는 점이다. 아담을 완전한 첫 사람으로 받아들이지 않는 것은 인류가 진화 역사를 거쳐 왔다고 생각하기 때문이다. 진화 역사가 없었다는 사실을 안다면, 성경에 위배되면서까지 역사를 변형시킬 필요가 없다. 역사는 하나뿐이다. 첫 사람 아담을 부정하면 마지막 아담 예수 그리스도의 복음까지 변질시키고 만다. 진화론은 그것으로 끝나는 것이 아니라 결국 성경을 왜곡시킨다는 점을 알아야 한다.

타협이론을 주장하는 사람들은 아담과 원죄에 관한 자신의 이론을 뒷받침하기 위해 여러 신학자들을 거론한다. 그러나 이는 그럴 성질의 문제가 아니다. 그런 신학자들조차 진화론을 사실로 놓고, 성경을 변형시키려 했기 때문이다. 그들도 진화 역사를 사실로 믿고 있는 것이다. 유명한 신학자라 할지라도 성경을 변형시키거나 성경을 넘어서는 안 된다.

03

타협이론은 진화론을 신뢰한다

역사과학과 실험과학

과학이란 오감을 통한 관찰과 실험으로 어떤 사물에 대해 얻은 지식의 이론적 체계라고 할 수 있다. 과학에는 다양한 영역이 있다. 그 가운데 창조, 진화, 지질시대표와 같은 주제들은 역사과학 영역으로 이해해야 한다.

역사과학은 현재 모습을 보고 과거를 추적하는 분야로 실험과학과는 구별된다. 실험과학은 화학분석, 세포분열, 중력의 법칙 등 실험과 재현이 가능한 연구 분야다. 따라서 실험과학을 다른 말로 조작과학

(Operational science)이라고도 부른다.

한편 역사과학은 지층, 화석, 별, 동식물 등 현재의 모습을 보며 '과거'를 추적하는 분야다. 여기서 '추적'이란 표현을 쓰는 이유는, 지층이나 동식물 등은 과거에 대해 스스로 말하지 않기 때문이다. 과학자들은 단지 지식을 동원하여 이 대상들의 과거를 추적할 뿐이다. 기원에 관해 연구하는 기원과학(Origin science)이나 사건 현장을 통해 사건을 해결하는 과학수사도 이 분야에 속한다.

역사과학과 실험과학을 구분하여 살펴보는 것은 이 두 과학 분야를 이해하는 데 도움이 될 것이다. 지질학에서 두 분야를 예로 들어 보자. 광물학(mineralogy)은 '광물의 결정 구조와 화학 그리고 물리적 요소를 대상으로 연구하는 지질학의 한 분야'로 정의된다. 이 정의에 따르면, 광물의 현재 모습에 관한 연구이므로 광물학은 실험과학에 해당된다. 한편, 고생물학(paleontology)은 '지구상에서 발견되는 화석을 바탕으로 생물체의 발생과 진화 과정 그리고 과거 생물체의 환경 등을 연구하는 분야'로 정의된다. 이것은 과거에 일어났던 사실을 추적하는 연구이므로 역사과학에 해당된다.

천문학 분야도 마찬가지다. 천문학(astronomy)은 '별이나 행성, 혜성, 은하와 같은 천체와 지구 대기의 바깥쪽으로부터 비롯된 현상을 연구하는 자연과학의 한 분야'로 정의된다. 이는 우주에서 현재 일어나는 현상을 연구하므로 실험과학이다. 한편, 우주론(cosmology)은 '우주가 처음에 어떻게 생겨났고, 어떻게 진화했는지 같은 근본적인 질문을 다루는 분야'로 정의되므로 역사과학에 해당한다.

이처럼 실험과학은 현재 데이터의 현상에 초점이 맞춰져 있는 반면에 역사과학은 현재 데이터를 가지고 과거를 보는, 즉 과거에 관한 해석에 초점을 맞춘다. 그러므로 역사과학은 해석에 100% 의존하는 학문이다.

물론 위의 예들은 이해를 돕기 위해 지질학과 천문학의 정의에 국한해 설명한 것이다. 최근에는 지질학, 천문학, 생물학 등 여러 분야에서 실험과학과 역사과학이 구분 없이 뒤섞이고 있는 것이 현실이다. 그러므로 직접 연구하는 사람이나 연구 결과를 듣는 사람이 두 영역에 대한 이해가 없으면 어디부터가 데이터이고 어디까지가 해석인지 혼동하게 된다.

역사과학은 최근에 만들어진 용어이기 때문에 성경에서 그와 동일한 단어를 찾을 수는 없다. 그러나 성경은 피조물을 통해 그 기원과 과거의 사건을 어떻게 알 수 있는지, 또는 어떤 자세를 취해야 하는지에 대해 일관된 입장을 제시하고 있다. 객관적으로 쉽게 이해할 수 있는 말씀들이다.

성경은 증인의 증언이다

> 내가 땅의 기초를 놓을 때에 네가 어디 있었느냐 네가 깨달아 알았거든 말할지니라(욥 38:4)

지구가 창조되었을 때, 초월자 하나님을 제외하고 그 자리에 아무도 없었다. 오직 그 자리에 계셨던 분, 곧 증인을 통해서만 알 수 있는

데, 그 증인이 바로 하나님 자신이라고 말씀하고 있다. 하나님의 말씀은 아주 현실적이며 당연하다. 일상에서도 쉽게 예를 찾을 수 있기 때문이다.

앞에서 역사과학으로 언급된 과학수사가 좋은 예일 것이다. 만일 형사가 살인 사건 현장에 등장했다고 하자. 증인을 만난 형사는 증언을 통해 증거들을 역으로 추적해 볼 것이며, 증언과 맞아떨어지는 증거들을 통해 범인도 잡고, 그 증인이 진짜로 거기 있던 사람인지도 확인할 것이다. 형사의 이런 자세는 전혀 어색하지 않다. 만약에 현장을 목격한 증인이 나타났는데도 일부러 배제하는 형사가 있다면, 그는 직무유기를 하는 게 된다.

그런 면에서 하나님이 과거를 스스로 깨달아 알고자 하는 자세를 단호하게 꾸짖으시는 것은 상식적이며 당연하다.

'나는 생각한다. 고로 존재한다'라는 계몽주의 사고는 깨달음을 통해 모든 것을 알 수 있다는 생각을 심어 주었다. 그러나 엄밀히 말해, 스스로 깨달아 안다는 것은 단지 어떤 것을 그렇게 생각하기로 결정한 것을 의미한다. 깨달음 자체가 답일 수 없다는 뜻이다. 학문에 뛰어난 자라도 그가 깨달은 것이 곧 답이 될 수는 없다. 단지 그의 의견일 뿐이다. 성경이 그것을 지적하는 것이다.

그러나 사람의 생각이 학문이라는 이름으로 포장되어 마치 진리인 듯 전해지고 있다. 진화론은 스스로 깨달아 알려고 하는 학자들로부터 나왔고, 그것이 보편화되었다. 그동안 진화론의 수많은 문제점이 제시되어 왔지만, 깨달음을 우선시하는 분위기에서 진화론은 우리 사고에 막강한 영향력을 계속해서 행사하고 있다.

성경은 과거에 관해 깨달아 알 수 없다는 자세를 일관되게 유지한다. 하나님은 우리가 눈으로 보는 피조세계만을 통해 세상의 기원을 알게 되기를 원하지 않으신다. 거기 계셨던 하나님 당신을 통해서 알게 되기를 원하신다.

> 너희는 눈을 높이 들어 누가 이 모든 것을 창조하였나 보라(사 40:26)

하나님을 찬양하는 자들은 주님의 요구에 부응하여 주님이 원하시는 자세를 취하였다. 피조물을 찬양하는 것이 아니라 그들의 완벽함과 아름다움을 보며 이들을 창조하신 하나님을 찬양한 것이다.

> 여호와 우리 주여 주의 이름이 온 땅에 어찌 그리 아름다운지요 주의 영광이 하늘을 덮었나이다(시 8:1)

> 하늘이 하나님의 영광을 선포하고 궁창이 그의 손으로 하신 일을 나타내는도다(시 19:1)

> 해로 낮을 주관하게 하신 이에게 감사하라 그 인자하심이 영원함이로다(시 136:8)

> 7 이제 모든 짐승에게 물어 보라 그것들이 네게 가르치리라 공중의
> 새에게 물어 보라 그것들이 또한 네게 말하리라 8 땅에게 말하라 네
> 게 가르치리라 바다의 고기도 네게 설명하리라 9 이것들 중에 어느

것이 여호와의 손이 이를 행하신 줄을 알지 못하랴(욥 12:7~9)

성경 기자들은 피조물을 보면서 한결같이 하나님께 영광을 돌렸다. 그런 면에서 성경은 거기 계셨던 증인의 증언과도 같다. 증언을 들은 자들은 피조물을 볼 때, 하나님이 창조의 자리에 계셨을 뿐만 아니라 직접 창조하신 분이라고 확신했다. 하나님은 피조물을 향해서도 창조자를 배제하려는 자세를 꾸짖으신다.

> 너희는 이같이 그들에게 이르기를 천지를 짓지 아니한 신들은 땅 위에서, 이 하늘 아래에서 망하리라 하라(렘 10:11)

> 창세로부터 그의 보이지 아니하는 것들 곧 그의 영원하신 능력과 신성이 그가 만드신 만물에 분명히 보여 알려졌나니 그러므로 그들이 핑계하지 못할지니라(롬 1:20)

또한 그 창조자가 이 땅에 오셨는데 바로 예수님이다. 예수님이 창조주라는 사실은 성경 전체에 직·간접적으로 기록되어 있다.

> 만물이 그[예수님]로 말미암아 지은 바 되었으니 지은 것이 하나도 그가 없이는 된 것이 없느니라(요 1:3)

> 만물이 그[예수님]에게서 창조되되 하늘과 땅에서 보이는 것들과 보이지 않는 것들과 혹은 왕권들이나 주권들이나 통치자들이나 권

세들이나 만물이 다 그로 말미암고 그를 위하여 창조되었고(골 1:16)

예수님은 창조의 증인으로서 필요충분조건을 갖춘 분이며, 성경이 이 사실을 분명히 말하고 있다.

31…하늘로부터 오시는 이는 만물 위에 계시나니 32 그가 친히 보고 들은 것을 증언하되 그의 증언을 받는 자가 없도다 33 그의 증언을 받는 자는 하나님이 참되시다는 것을 인쳤느니라 34 하나님이 보내신 이는 하나님의 말씀을 하나니…(요 3:31~34)

예수님도 자신이 처음부터 계셨다고 직접 말씀하셨다. 유대인이 예수님에게 "네가 누구냐"고 묻자 주님은 돌려서 말하지 않고 직접적으로 답하셨다.

나는 처음부터 너희에게 말하여 온 자니라(요 8:25)

나를 보내신 이가 참되시매 내가 그에게 들은 그것을 세상에 말하노라(요 8:26)

나는 내 아버지에게서 본 것을 말하고 너희는 너희 아비에게서 들은 것을 행하느니라(요 8:38)

증인으로서 또 하나의 조건을 꼽자면 거짓말을 하지 않는 것이다.

현장에서 목격했더라도 전달자로서 증인의 역할을 제대로 해야 하기 때문이다. 예수님은 성부 하나님과 함께 듣고 본 것을 말씀하셨다. 또한 예수님은 거짓이 없는 성품의 소유자이시다. 그런 면에서 예수님은 증인으로서 갖추어야 할 모든 조건을 가진 완벽하며 유일한 분이시다.

> 그[예수님]는 죄를 범하지 아니하시고 그 입에 거짓도 없으시며(벧전 2:22)

반면에 우리는 어떠한가? 현장에도 없었고, 정확히 보지도 못했으며, 진실을 말하지도 않았다. 유신론적 진화론자들은 스스로 크리스천이라고 말하면서도 성경에 기록된 과거 사실을 제대로 참고하지 않는다. 오히려 현장에 없었던 과학자들을 우선시한다.

과거를 알려고 하는 데 있어서 크리스천이 세상 사람과 다른 점은, 거기 계셨던 분이 계시하신 '성경'을 갖고 있다는 점뿐이다. 성경을 통해 소위 '증인'을 만나고, 그의 '증언'을 듣는 셈이다. 그러므로 과거를 제대로 알기 위해서는 성경을 참고해야 한다.

성경은 하나님이 생물들을 "종류대로" 창조하셨다고 말하며, 그들을 다스릴 존재로 "하나님의 형상대로" 사람을 창조하셨다고 증언한다. 또한 전 지구를 쓸어버릴 만큼의 격변적 심판을 행하셨다고 말한다. 이로써 우리가 보는 피조세계에서 생물이 서로 교배할 수 있는 한계로 묶인다는 사실과 전이화석이 존재하지 않는 이유를 확인할 수 있다. 그리고 인간만이 갖는 문명을 보면, 인간이 피조물을 다스리는 존재로서 하나님의 형상을 따라 지어졌다는 성경 기록과 맞아 떨어진다.

타협이론을 주장하는 사람들은 성경의 기록을 귀담아듣지 않는 듯하다. 오히려 스스로 깨달아 알려고 하는 세상의 자세에 무게를 더 두고, 거기 계셨다고 하는 하나님의 말씀은 무시하거나 변형시키려고 한다. 따라서 그들은 성경에서 말하는 하나님의 성품과 능력, 그리고 예수 그리스도의 복음을 자신이 믿는 진화론적 사고에 맞추어 인위적으로 고치려고 노력할 수밖에 없으며, 결국 딜레마에 빠지게 된다.

또한 타협이론자들의 글에서는 역사과학과 실험과학의 차이가 명확히 구별되지 않는다. 예를 들어, 대폭발 이론이나 방사성 동위원소 연대 측정법을 정설로 소개하는 식이다. 그러나 우리가 보는 것은 지금 별이 보여 주는 특징이나 암석 속에 있는 원소의 양뿐이다. 과학자들은 이것들을 보고 과거를 해석하는 것이다. 그리고 여기에는 그들의 편견이 깊숙이 배어 있다.

예를 들어, 과학자들이 연구하는 별, 지층, 세포 등은 데이터에 불과하다. 그런 자료가 언제 어떤 과정을 거쳐 현재 모습을 갖추게 되었는지 해석(interpretation)하는 시도는 역사과학에 해당된다. 말이 없는 데이터를 보며 해석해야 하는 것은 창조론자나 진화론자나 피할 수 없는 현실이다.

우리는 타협이론자들이 데이터와 해석의 차이를 고려하지 않거나 그 차이를 이해하지 못하기 때문에 구분 없이 단어들을 사용한다는 것을 염두에 두어야 한다. 만약 이러한 통찰 없이 그들의 책을 읽는다면, 혼란에 빠져 어디부터 어디까지가 데이터이고 해석인지 알 수 없게 되기 때문이다.

가장 대표적인 잘못은 과학이란 말을 사용할 때 일어난다. 그들은 '진화론=과학' 또는 '지질시대표=과학', '수십억 년=과학'이라는 전제하에 그 단어를 사용한다. 즉 진화론, 지질시대표, 수십억 년이란 단어에 일관되게 '과학적'이란 표현을 사용하는 것이다.

그러나 이 세 단어는 모두 역사과학적 해석이다. 그들이 사용하는 '과학적'이란 표현은 실제로는 진화론적 접근을 의미한다. 그들이 이처럼 용어를 그릇되게 사용하는 이유는 진화론에 관한 지나친 신념과 진화론이 과학적 검증을 거쳤다는 오해에서 비롯된 것이며 실험과학과 역사과학의 차이를 잘 구별하지 못하기 때문이다.

04

타협이론은 어떤 열매를 맺었는가?

우리는 계속해서 어떤 생각이나 이론이 진리에서 온 것인지 아닌지를 판단하는 기준에 대해 다루고 있다. 성경 자체와 증거뿐 아니라 성경이 제시하는 또 다른 하나의 기준이 바로 '열매'다. 즉, 그 열매를 보고 옳은 뿌리에서 나온 것인지 그릇된 뿌리에서 나온 것인지를 알 수 있다. 다음 말씀은 열매에 관해 주목해야 할 성경의 근거를 제시한다.

> 15 거짓 선지자들을 삼가라 양의 옷을 입고 너희에게 나아오나 속에
> 는 노략질하는 이리라 16 그들의 열매로 그들을 알지니 가시나무에

서 포도를, 또는 엉겅퀴에서 무화과를 따겠느냐 17 이와 같이 좋은
나무마다 아름다운 열매를 맺고 못된 나무가 나쁜 열매를 맺나니
18 좋은 나무가 나쁜 열매를 맺을 수 없고 못된 나무가 아름다운 열
매를 맺을 수 없느니라 19 아름다운 열매를 맺지 아니하는 나무마다
찍혀 불에 던져지느니라 20 이러므로 그들의 열매로 그들을 알리라
(마 7:15~20)

열매에 관해서는 타협이론을 수용했던 나라와 교회를 예로 드는 것이 이해하기가 훨씬 쉬울 것이다.

쇠퇴의 길을 걷는 유럽 교회들

1859년 《종의 기원》이 출판되고 나서 1872년에 지질시대표가 만들어지자 교회가 가장 당황했다. 만일 지질시대표가 지구의 역사라면 성경 역사는 사실이 아니기 때문이다. 그런 상황에서 교회는 어떻게 대처했을까? 아쉽게도 많은 교회가 "지질시대표가 지구상에 없다"라고 반박하는 대신에 진화론과 성경을 함께 믿어 보려는 유신론적 진화론을 받아들였다. "하나님이 창조하신 후에 지질시대표대로 수십억 년에 걸쳐 진화를 허용하셨다"는 이론을 수용한 것이다.

유신론적 진화론을 만든 이들이 처음부터 의도적으로 기독교 신앙을 저버리려고 한 것은 아닐 것이다. 이러한 시도를 통해 진화론적 시대 분위기에서도 자신의 신앙을 지키려고 생각해 낸 자구책이었을 가

능성이 크다. 이 시도가 믿음을 유지하는 데 도움이 된다고 생각했던 것이다. 그들은 열성적이었으나 성경에 충실하지는 않았다.

유신론적 진화론자들은 성경과 창조를 연구한다고 하면서도 연구 방법에서는 하나님을 제외시켰다. 그것이 더 지성적이며 고등한 방법이라고 주장했다. 결국 교회조차도 지식의 시작에서 하나님의 말씀을 제외하는 어리석음을 범한 것이다.

유럽 교회는 하나님이 계시하신 성경 대신에 세상이 만든 지질시대표를 선택했다. 그럼으로써 얻은 결과가 무엇인가? 다음 세대가 교회를 떠나버렸다. 이유는 단순했다. 교회가 믿음의 근거인 성경이 사실이 아닐 수도 있다고 가르치기 시작했기 때문이다. 진리의 기둥과 터가 되어야 할 교회가 비진리의 터가 되어 버리고 말았다(딤전 3:15). 세대를 본받지 말고 마음을 새롭게 하여 하나님의 온전하신 뜻을 분별해야 할 교회가 오히려 분별력을 잃고 세대를 본받아 성경보다 지질시대표를 더 신뢰한 것이다(롬 12:2).

오늘날 유럽에서 텅 빈 교회를 보는 것은 그리 어려운 일이 아니다. 예전에 찬란했던 흔적만 남은 교회들은 관광 명소로 전락하고 말았다.

'앤서스인제네시스'(Answers in Genesis)의 대표인 켄 햄(Ken Ham)에 의하면 영국에서는 1969년부터 2007년까지 28년간 1,500여 개 교회가 마지막 예배를 드리고 문을 닫았다고 한다. 남아 있는 교회들이라고 해서 예배당이 채워지는 것은 아니다. 빈자리가 훨씬 많다. 2005년 통계에 의하면, 영국인의 교회 출석률은 전체 인구의 2.5%에 지나지 않으며[17], 최근에는 더욱 낮아져서 남은 교인 대부분이 백발 노인들이다. 전 세계의 통계를 볼 때, 영국성공회는 지난 2015년 기준으로 10년 만에 주일예배 참석자가 무려 25.7%나 줄었다.[18]

유럽 교회가 다음 세대를 잃은 것은 "진화 역사는 틀렸다"고 말했기 때문이 아니다. 그들은 진화론에 관해 침묵했고, 오히려 유신론적 진화론을 만들었기 때문에 다음 세대를 잃어버렸다. 그런 면에서 타협이론은 진화론보다 더 위험하고 경계해야 할 대상이다.

더 심각한 문제는 타협이론은 교회 밖이 아니라 교회 안에서 성경이 틀렸다고 한다는 점이다. 교회 밖에서 타협이론을 주장하는 사람은 아무도 없다. 없다는 표현보다 그런 이론을 주장할 필요가 없다는 것이 더 정확한 표현일 것이다. 세상의 어떠한 학술 논문도 타협이론식의 내용을 받아주지 않는다. 성경과 진화론은 그 뿌리부터가 다르기 때문이다. 진화론은 시간과 우연을 말하지만, 성경은 시간의 초월자와 계획에 관해 말한다. 그런 면에서 그 둘은 서로 섞일 수 없이 완전히 상반된다. 이렇게 상반되기 때문에 완전히 진화론적으로 역사를 쓰든지 아니면 성경 역사를 완전히 받아들이든지 둘 중에 하나만 해야 한다. 타협이론은 그러한 속성을 파악하지 못한 무리한 시도가 아닐 수 없다.

소수의 지성인들에게서 시작된 진화론은 지질시대표를 만들었고, 이어서 이 표는 학교로 들어갔고, 점점 대중화되면서 사회적 분위기

---

17 Ken Ham and Britt Beemer, ***Already Gone: Why Your Kids Will Quit Church And What You Can Do To Stop It.***, Master Books, 2009, p.12.

18 http://www.christianpost.com/news/episcopal-church-decline-continues-with-loss-of-over-37000-members-in-2015-170008/, 2016.

를 조성했다.

하나님의 말씀을 맡은 교회가 성경을 떠나고, 다음 세대가 교회를 떠나자 유럽 사회가 변하기 시작했다. 교회가 진화론을 인정하자 성경은 개인과 사회에 영향력을 행사할 수 없게 되었고, 사람들은 "나는 어디서 왔고, 어떻게 살아야 하며, 어디로 가는가"라는 질문을 교회가 아닌 학교에 던졌다. 결국, 유럽 사회는 세대를 넘기며 성경적 사고에서 벗어나 진화론적 역사관, 인간관, 세계관으로 빠르게 이동했다. 어떻게 살아야 할지를 성경을 통해서가 아니라 스스로 결정하는 것이 보편적인 분위기가 되었다.

결과적으로 유럽 사회는 어떻게 되었는가? 자살, 이혼, 성적 타락 등이 크게 늘었으며 국가 간의 생존경쟁이 극대화되어 세계대전이라는 끔찍한 결과를 낳았다. 그런 비극이 벌어진 데는 다른 원인도 있겠지만, 하나님의 말씀, 즉 성경의 진리를 맡은 교회가 믿음의 근거를 잃어버린 것이 가장 큰 원인임에 틀림없다. 사실 다른 원인들도 그 내면을 추적해 보면 그들 마음이 하나님의 말씀에서 떠난 것에서 비롯되었다.

성경의 권위를 상실한 미국 교회들

미국의 상황은 유럽과 달랐다. 진화론을 과학적인 사실로 받아들일 경우 성경적 사고로 편성되었던 사회가 진화론적 사고로 재편성될 것이라는 염려와 경계심이 일었다. 또한 당시 미국의 공립학교들은 수업을 기도로 시작했고, 교실마다 십계명이 걸려 있었다. 이 같은 기독교적 분위기로 인해 미국은 1900년대 초만 해도 진화론을 받아들이는 데 매우 소극적이었다.

그러나 유럽에서 진화론을 접한 소수 지성인들이 대중에게 이것을 심어 주려고 노력했다. 결국, 미국도 유럽에서 불어오는 진화론의 거센 바람을 피할 수 없었다. 1960년 마침내 공립학교에서 진화론을 본격적으로 가르치기 시작했다.

미국 교회는 이런 상황에 어떻게 대처했을까? 안타깝게도 많은 교회가 유럽 교회의 뒤를 따랐다. 유신론적 진화론을 가르치기 시작한 것이다. 이유는 유럽 교회와 다를 바 없었다. 진화 역사가 사실인 것처럼 여겨졌고, 이를 수용하지 않으면 시대에 뒤떨어질 것 같았기 때문이다. 그들은 그로 인해 전도가 안 되고 다음 세대에 신앙을 전하지 못할 것 같은 위기감을 느꼈다. 미국 교회도 진화론과 성경을 함께 믿을 수 있을 것으로 착각한 것이다. 유신론적 진화론을 받아들인 미국 교회는 유럽 교회처럼 다음 세대를 잃어가기 시작했다.

그뿐 아니라 미국 사회 전체에 변화가 몰려왔다. 1960년대는 미국 사회의 격동기로 꼽힌다. 미국의 대중은 자신들의 사고가 유럽보다 뒤졌다고 생각하며, 스스로 성경에서 벗어나 유럽식 문화와 사고를 받아들이기 시작했다. 급기야 1962년에 공립학교에서 기도가 금지되었다. 기도를 안 하면 안 되던 나라에서 기도를 하면 안 되는 나라로 변한 것이다. 교실에서 진화론을 가르치게 된 이상 공립학교에서 기도를 유지하는 것은 사실상 불가능했다. 기도를 하려면 성경을 믿어야 하는데, 성경과 다른 진화론을 가르치고 배우며 기독교적 전통을 유지한다는 것은 그야말로 이율배반적이기 때문이다. 그러한 분위기가 고조되자 각 학교에 걸려 있던 십계명을 제거하기에 이르렀다.

교회와 학교가 달라지자 문화 또한 급속도로 변화하기 시작했다. 성경적 기준보다 개인의 선택을 우선시하는 포스트모더니즘 교육이 시행되며 이전에 흔치 않던 이혼, 낙태, 동성애, 마약중독 등이 크게 늘어났다. 최근에는 학원 폭력과 총기 사건이 끊이지 않고 발생하고 있다.[19] 도덕적 변화를 보면 한결같이 1960년부터 갑자기 증가한 것을 알 수 있다.[20, 21]

물론, 도덕적으로 문제 없는 완벽한 사회란 없고, 모든 사회 변화를 진화론의 교육 탓으로 돌리기도 어렵다. 그러나 문제 발생 건수가 갑자기 증가한 시점이 진화론의 교육과 맞물려 있다는 것은 중요하다. 미국인들이 성경 말씀에 관한 부담을 내려놓으면서부터 도덕적 문제들이 급격히 발생했고, 비도덕적인 것들이 합법화되기에 이르렀다.

동성애, 낙태, 이혼, 마약 문제 등에 관해 성경과 다른 결정을 내리는 것이 처음에는 마치 인권을 보장하며 더 관대하고 좋은 사회로 나아가는 것처럼 보인다. 그래서 크리스천들이 이 같은 사회 분위기를 따라가는 실수를 저지르기도 한다. 그런 결정을 비판하면 마치 옹졸하고 시대에 뒤떨어진 편협한 사람으로 취급받을 것 같기 때문이다. 성경이 권위를 잃고 판단의 기준을 상실했을 때 이런 현상이 더욱 쉽게 일어난다. 그러나 성경에서 벗어난 결정은 오래지 않아 사회를 무질서하게 만든다.

---

19 http://www.desdemonadespair.net/2015/10/graph-of-day-school-shootings-in-united.html, 2015.

20 http://www.johnstonsarchive.net/policy/adoptionstats.html, 2016.

21 https://www.papermasters.com/divorce-rate.html, 2014.

교실에서 십계명을 제거한 후 미국이 어떻게 달라졌는지 지금의 모습을 보라. 십계명에서 지적하는 문제들이 그대로 일어나고 있지 않은가? 십계명의 후반부 여섯 가지 계명을 살펴보자.

“부모를 공경하라. 살인하지 말라. 간음하지 말라. 도둑질하지 말라. 거짓 증거하지 말라. 탐하지 말라.”

지금 미국이 겪고 있는 모든 문제가 바로 이 여섯 가지 계명을 지키지 않아서 일어난 것들이다. 교실에 십계명을 걸어놓았을 때와 제거했을 때의 차이가 확연하다. 이것이 바로 미국의 현주소다.

미국은 문제의 심각성을 알고 수많은 노력을 기울여왔지만 해결될 기미가 보이지 않는다. 잘못 가고 있는 것은 분명한데, 바른 길이 어디인지 알 수 없는 상황이 되어 버린 것이다. 마음에서 왕(King), 즉 말씀이신 하나님을 잃어버린 결과다(삿 21:25).

교회의 다음 세대가 계속 줄어드는 상황에서, 1990년대 초에 새로운 타협이론으로 ‘점진적 창조론’이 등장했다. 하나님이 지질시대표 순서대로 창조와 멸종을 반복하다가 인간을 창조하셨다는 타협이론이다. 많은 미국 교회가 이 새로운 이론을 환영했다. 신학교에서도 또 하나의 새로운 창조이론으로 받아들여 가르치기 시작했다.

그러나 미국 교회는 점진적 창조론으로도 다음 세대를 붙잡지 못했다. 그들은 오히려 더 빨리 교회를 떠났다. ‘이렇게 성경을 다른 방법으로도 바꿀 수 있구나’라는 식의 생각이 성경의 권위를 더욱 떨어뜨렸다. 미국 교회와 신학교가 상황을 제대로 파악하지 못한 것이다. 새로운 타협이론을 가지고 ‘창조’도 외치고 ‘하나님’도 외쳐 봤지만, 젊은 세대는 교회를 떠나고 말았다.

이유는 단순하다. 이렇게 외치는 창조와 하나님은 성경에서 말하는 진짜 창조와 진짜 하나님이 아닌 그들 스스로 만든 거짓 창조와 거짓 하나님이었기 때문이다. 교회는 하나님과 창조를 만들어 내는 곳이 아니다. 교회는 성경의 하나님을 믿고 전하는 곳이다. 오늘날 미국도 유럽과 마찬가지로 백발 노인들만 남은 교회들이 계속해서 늘어가고 있다. 이미 많은 교회 건물이 식당, 나이트클럽, 태권도장 등 다른 용도로 팔려 나갔다.

그런 면에서 진화의 반대는 '창조'가 아니다. 진화론과 지질시대표가 등장했을 때, 교회와 크리스천 부모들이 이것을 제대로 파악하지 못한 것이 가장 큰 실수다. 그들은 진화의 반대가 창조라고 생각했다. 그러나 진화의 반대는 창조가 아니다. 역사는 하나밖에 없기 때문이다. 만일 지질시대표가 진짜 역사라면 성경은 거짓 역사가 된다. 역으로 성경이 진짜 역사라면 지질시대표는 가짜가 된다. 그러므로 진화의 반대는 창조가 아니라 성경이다!

'진화의 반대가 곧 창조'라고 잘못 생각한 탓에 유신론적 진화론이나 그 밖의 타협이론을 만들어 받아들였던 것이다. '창조'라는 단어만 들어가고, 거기에 '하나님'만 얹으면 된다는 안이한 생각을 한 것이다. 그러나 다시 한 번 강조하지만, 타협이론의 창조와 하나님은 우리 스스로 만든 창조와 하나님이다. 어떤 면에서 하나님을 우상으로 전락시켰다고 할 수 있다. 교회는 진화론에 밀려 자신도 모르게 거짓 창조와 거짓 하나님을 만들고서는 스스로 관대하다고 자찬했다. 피조물인 인간이 하나님을 만들어 내기에 이른 것이다.

세상에는 성경의 하나님이 아닐지라도 누군가가 우주를 창조했으리라고 막연히 생각하는 사람들이 아주 많다. 성경에 기록된 대로 창조하고 행하신 하나님이 진짜 하나님이다. 그러므로 진화의 반대는 하나님도 창조도 아닌 성경 그 자체다!

타협이론에서 말하는 하나님은 세상이 만들어 낸 하나님과 별 차이가 없기에 다음 세대를 세상에게 넘겨주는 도구가 되는 것이다. 시작도 역사도 오로지 하나다. 거기 계셨던 하나님이 계시해 주신 성경을 통해서만 그것을 알 수 있다.

지금 미국 교회는 어찌할 바를 모르고 있다. 신학교, 기독교 방송, 기독교 대학이 여전히 많고 기독교 서적의 출판도 활발하다. 그런데도 기독교 인구는 해마다 줄고 있다. 왜 그럴까? 답은 분명하다. 성경이 믿기지 않는 것이다.

타협이론을 받아들인 유럽 교회와 미국 교회는 어떤 열매를 얻었는가? 지금까지 언급한 대로 좋은 열매는 하나도 맺지 못한 책 수없이 많은 나쁜 열매들만을 맺어 오고 있다.

part 3

타협의 거센 바람

우리나라 교과서에는 다른 나라보다 비교적 늦은 시기에 진화론이 실렸다. 1973년 3차 교육과정 개정 때 오늘날 배우는 진화론의 대부분이 중고등학교 교과서에 실렸다. 그 전까지는 교과서에 부분적으로 실리긴 했어도 크게 강조되지는 않았었다. 우리나라에 진화론에 관한 책이 없었다는 뜻은 아니다. 다만 학교 밖에서만 접할 수 있던 진화론을 그때부터 교실 안에서 배우게 되었다는 의미이다. 교실에서 배운다는 것은 참으로 중요하다. 교사는 자기 의지와 상관없이 진화론을 가르쳐야 하고, 학생은 배운 대로 답을 써야만 하는 시대가 열렸다는 의미이기 때문이다. 다시 말해 성경과 전혀 다른 진화 역사가 보편 지식이 되는 분위기가 형성된 것이다.

한국 교회의 최고 전성기가 1970년 말임을 고려할 때, 유럽과 미국이 겪었던 진화론 교육과 교회의 상관관계에서 우리 또한 크게 벗어나지 않는다는 것을 알 수 있다. 최근 교회에 정기적으로 출석하는 대학생이 3% 정도이며, 중고등 학생은 이보다 밑돈다고 한다. 한때 복음을 왕성하게 전하던 캠퍼스 선교 단체들은 겨우 옛 명성만 남은 상태다. 주일학교가 없는 교회가 절반을 넘는다는 보도가 아니더라도 교회에 젊은이가 현격히 줄어들고 있음은 쉽게 느낄 수 있다.

최근 한국 교계에서 극단적인 유신론적 진화론부터 다중격변설까지 다양한 타협이론들이 주장되며 관련 책들이 출판되고 있다.[22] 교회

22 번역서인 《신의 언어》(S. 콜린스, 김영사, 2006), 《오리진》(데보라 하스마, 로렌 하스마, IVP, 2011)과 한국인의 저서인 《무신론 기자, 크리스천 과학자에게 따지다》(우종학 , IVP, 2014), 《창조와 격변》(이하 양승훈, 예영, 2006), 《생명기원과 외계생명체》(SFC, 2011), 《다중격변 창조론》(2011), 《창조와 진화》(2012), 《대폭발과 우주의 창조》(2016) 등이 있다.

에서 동일한 주제로 세미나가 열리기도 한다. 한마디로 타협이론의 바람이 불고 있는 것이다. 유럽 교회와 미국 교회가 이미 겪은 일인 만큼 그리 놀랄 것도 없다. 그들 교회도 젊은이들에게 타협이론을 가르쳤었다. 지금 한국 교회가 다음 세대에 진화론과 신앙을 함께 전할 수 있으리라 기대하는 것처럼 말이다. 그러나 그들의 시도는 결국 실패했다. 그러므로 우리는 가만히 있어서는 안 된다. 제대로 대처하지 않으면 어떤 열매를 거두게 될지 불을 보듯 빤하기 때문이다.

이 장에서는 우리나라에서 출판된 타협이론 관련 책 두 권에 관해 상세히 점검할 것이다. 한 권은 유신론적 진화론, 다른 한 권은 다중격변설에 관한 책이다. 이 책들은 타협이론의 기본 내용을 거의 담고 있으므로 이를 주장하는 사람들의 생각과 그들 이론의 문제점을 지적하기에 적합하리라 생각한다. 또한 우리나라에서 출판되었기에 훨씬 가깝게 느껴질 것이다.

두 책 모두 지질시대표와 진화론이 사실이라는 전제하에 쓰인 탓에 많은 부분에서 내용이 겹친다. 그러므로 먼저 유신론적 진화론에 관해 상세히 다루고 나서 겹치지 않는 범위에서 다중격변설에 관해 다루려고 한다. 주로 성경과 과학 부분에 관련해서 점검할 것이며, 열매에 대해서는 앞서 언급했던 유럽 교회와 미국 교회의 예로 대신하고자 한다.

01

유신론적 진화론

먼저 다룰 책은 유신론적 진화론을 주장하는 우종학 교수의 《무신론 기자, 크리스천 과학자에게 따지다》(IVP, 2014)이다. 현재 서울대학교 물리천문학부 교수로 재직 중인 저자는 이 책을 통해 극단적인 유신론적 진화론을 주장한다. 책에서 저자는 "창조주가 진화라는 방법을 사용했다고 보는 것을 진화 창조론"이라고 하며 '진화 창조론'이란 단어를 쓰지만, 이 단어는 이미 보편적으로 불리는 '유신론적 진화론'과 같은 말이다.

다음 문장에서 볼 수 있듯 저자는 진화론자들이 주장하는 진화 메커니즘과 진화 역사를 그대로 받아들인다.

우주 진화와 생물 진화를 인정하고 진화 이론을 수용한다.(p. 248)

창조주가 진화라는 방법을 사용해서 생물을 창조했다고 본다.(p. 43)

책 전반에 걸쳐 저자인 우종학 교수는 진화론자들이 주장하는 모든 메커니즘을 그대로 수용한다. 또한 진화 역사를 사실로 전제하기 때문에 성경 안에서 진화론과 상반되는 내용을 쉽게 바꾼다. 그런 면에서 이 책은 유신론적 진화론자들이 어떤 주장을 하고 있는지 파악하는 훌륭한 도구가 될 것이다.

앞으로 우종학 교수의 책을 비판하는 데 있어서 앞서 다루었던 내용들이 다소 중복되는 부분도 있음을 미리 말해 둔다. 이는 예와 함께 다시 한 번 다룰 때 더 쉽고 가깝게 이해될 것이기 때문이다.

성경에 관한 기본자세

1. 성경교인가 예수교인가

우리가 믿는 것은 '성경을 우상시하는 성경교'가 아니라 '예수를 믿는 기독교'이다.(p. 110)

이것은 저자가 성경을 대하는 자세와 그의 성경에 관한 인식을 가장 잘 요약한 문장이다. 어떤 면에서 이것은 유신론적 진화론을 포함한 모든 타협이론이 성경을 대하는 가장 기본적인 자세라고 할 수 있다. 저자는 대폭발, 수십억 년 간 진화와 멸종이 반복되었다고 말하는 지질시대, 하등동물에서 인간까지 전 진화 역사에 관한 신뢰를 일관되게 보여 준다. 따라서 성경에서 진화의 역사나 메커니즘과 상반되는 내용이 나올 때마다 성경보다 진화론을 수용한다.

위에 인용한 문장은 기독교란 예수님을 믿는 것이지 성경 전체를 그대로 수용하는 것은 아니라는 의미다. 성경에 기록된 모든 내용을 그대로 받아들이는 자세는 "성경을 우상시하는" 것이라고 주장하며, 예수님을 제외한 성경의 다른 내용은 수정해도 상관없다는 뜻으로 "예수를 믿는 기독교"라고 표현한 것이다.

그는 기독교를 '예수교'로 표현한다. '기독'은 헬라어 그리스도의 발음을 한자로 옮기면서 만들어진 단어다. 실제로 예수교가 더 정확한 이름이다. 그러나 예수교는 '예수'라는 이름을 사용한다고 해서 그것에만 국한된 종교는 아니다.

예수교는 하나님이 세상을 어떻게 창조하셨고, 우리가 과거에 어떤 일을 했는지, 역사 속에서 하나님은 어떤 분이시며 어떻게 행하셨고 어떤 목적을 갖고 계신지, 또 어떻게 그 목적을 완성하셨는지를 총체적으로 담고 있다. 그리고 예수님을 통해 구원뿐 아니라 '성경 전체' 속에 들어 있는 역사와 하나님의 성품과 능력으로 말미암아 총체적인 완성이 이루어졌음을 말한다. 그러므로 "예수님을 믿는다"는 것은 성경 전체에 담긴 예수님을 믿는 것이다. 단지 예수라는 이름과 그 이름이 쓰인 구절만을 뽑아 믿는 것이 아니다. 성경을 빼고 예수님을 믿을 수는 없다.

예수님은 자신에 관해 다음과 같이 말씀하셨다.

> 이에 모세와 모든 선지자의 글로 시작하여 모든 성경에 쓴 바 자기에 관한 것을 자세히 설명하시니라(눅 24:27)

> 너희가 성경에서 영생을 얻는 줄 생각하고 성경을 연구하거니와 이 성경이 곧 내게 대하여 증언하는 것이니라(요 5:39)

바울 사도도 서신서에 이렇게 썼다.

> 이 복음은 하나님이 선지자들을 통하여 그의 아들에 관하여 성경에 미리 약속하신 것이라(롬 1:2)

> 모든 성경은 하나님의 감동으로 된 것으로 교훈과 책망과 바르게 함과 의로 교육하기에 유익하니(딤후 3:16)

성경은 예수님의 복음이 마태복음부터 시작되었다고 말하지 않는다. 모든 성경이 예수님에 관해 기록하고 있다고 말한다. 보시기에 좋았던 처음 창조, 하나님의 형상으로 지어진 첫 인간 아담과 하와, 죄로 인해 들어온 사망, 저주로 첫 모습을 잃은 피조세계, 죄악이 가득 찬 세상을 쓸어버렸던 홍수 심판, 이때 구원의 유일한 도구였던 방주와 거기에 탑승했던 노아와 가족들…. 성경은 기록된 역사가 사실이며, 그 역사 속에 늘 예수 그리스도가 계셨다고 말한다. 예수님 자신도 그렇게 말씀하신다. 예수님이 말씀하신 '모든 성경'에서 창세기가 예외일 수는 없다. 예수 그리스도의 이름과 복음은 전적으로 성경에 근거한다.

만약 성경을 있는 그대로 믿는 것이 성경을 우상시하는 것이라고 한다면, 그것은 예수교에 대해 크게 오해하는 것이며 크리스천에게 믿음의 근거를 빼고 믿으라고 말하는 셈이다.

2. 성경이 사실을 적은 책이 아니라는 예: 솔로몬 성전의 물통

저자는 성경이 정확한 사실을 전하지 않는다는 근거로, 열왕기상 7장에 등장하는 솔로몬 성전의 물통(바다) 규격을 예로 든다. 수치가 수학적으로 일치하지 않는다고 말하며, 그것을 그대로 받아들이는 사람들을 비판한다.

성경은 물통의 규격을 "직경 10규빗, 둘레 30규빗"으로 기록했다(왕상 7:23). 이것에 관해 저자는 "원의 둘레는 지름의 3.14배(π)"이므로 둘레가 31.4규빗이 맞는데 성경은 30규빗으로 기록했으므로 수학 지식에 위배된다고 말한다(p. 112).

그러나 성경은 단지 직경과 둘레만 말한 것이 아니라는 것을 알아야 한다. 같은 장의 26절에서 두께가 "한 손 너비만 하다"고 기록했다. 역대하 4장 5절에도 동일하게 기록되어 있다. 따라서 한 손 너비, 즉 약 10cm를 두께에 적용하면 성경에서 말하는 물통의 규격이 얼마인지 정확히 알 수 있다.

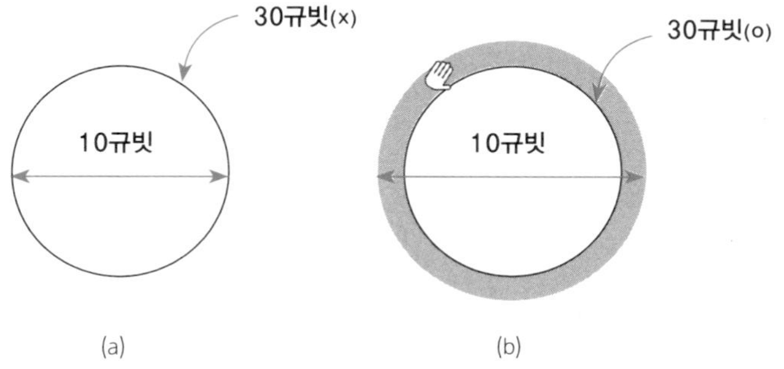

〈열왕기상 7장의 솔로몬의 성전 물통에 관한 우종학 교수의 이해(a)와 성경의 기록(b)〉

1규빗을 대략 46cm로 보면, 물통의 외곽 지름 10규빗은 460cm가 되며, 둘레 30규빗은 1,380cm가 된다. 물통 둘레 1,380cm를 가지고 역으로 지름을 계산하면 440cm(=1,380cm/3.14)가 나온다. 즉 물통 외곽 지름과 20cm 가량 차이가 나는 것이다.

여기서 알 수 있는 것은, 성경이 말한 지름은 물통 외곽 지름이며 둘레는 물통 내곽 둘레라는 것이다. 물통의 두께가 한 손 너비인 약 10cm라고 할 때, 양쪽에 적용시켜야 하므로, 내곽 지름 440cm에 두께 20cm를 더하면 외곽 지름이 정확히 460cm가 된다.

물통의 규격을 전달하는 방법이 참으로 지혜롭지 않은가? π (=3.141592…)는 무리수이기에 정확히 적을 수가 없으므로 두께 또한 정확한 숫자를 쓸 수 없다. 그러나 외곽 지름과 내곽 둘레를 알려 주면 자동으로 두께가 계산되니 얼마나 지혜로운가! 성경은 그 두께가 약 10cm인 한 손 너비라고 분명히 밝히고 있다.

저자는 열왕기상 7장 26절을 무시하고, 역대하 4장 5절을 참고하지 않은 채 단지 열왕기상 7장 23절만을 가지고 "솔로몬 성전의 기구들에 대한 묘사는, 솔로몬이 하나님의 성전을 위해서 얼마나 노력했는지를 보여 주는 데 있는 것이지 수학적 원리를 가르쳐 주려는 목적이 아니다"(p. 112)라고 주장하면서 성경의 정확성을 훼손하려고 한다.

성경에 수학적 원리를 주려는 목적이 없었을지라도 물통을 만드는 데 필요한 정확한 규격이 기록된 것만은 분명하다. 그러나 저자는 성경을 수학이라는 '이상적인 개념'의 렌즈로 바라봄으로써, 안타깝게도 실제 사실을 서술한 성경에 진술의 '오류가 없음'을 간과한 것으로 보인다. 저자는 세미나와 저서에서 이 물통을 예로 들면서 사람들에게 성경에 관한 그릇된 시각을 심어 주는 잘못을 저질렀다. 이 잘못을 어떻게 바로잡을 수 있을지 안타까울 뿐이다.

사실 솔로몬 성전의 물통에 대한 논란은 기존 크리스천 변증학자들[23]이나 창조과학자들[24]에 의해서 이미 오래전부터 제시되어 왔다. 그뿐 아니라 여러 주석성경에도 이미 언급되었기 때문에 저자가 성경을 신뢰하고 참고문헌들을 찾아보았더라면 이런 실수는 하지 않았을 것이다.

복음의 변질

1. 첫 사람과 원죄를 부정하다

타협이론을 주장하는 사람들이 진화론을 받아들일 때, 이미 진화 역사를 사실로 전제하였기 때문에 성경 기록이 진화론과 맞지 않으면

---

23 Harold Lindsell, *Battle for the Bible*, The Zondervan, 1976.

24 Henry Morris, *Henry Morris Study Bible*, Master Books, 2012, p. 541.

자세히 살펴보지 않고 수정을 가하곤 했다. 그중에 대표적인 것이 첫 사람 아담이다. 유신론적 진화론자들은 인간의 출현에 대해 성경에 없는 상상을 동원하는데, 충분히 진화된 원숭이 같은 동물 집단에 하나님께서 하나님의 형상을 입혀 주심으로 사람이 되었다고 설명하곤 한다. 그러한 이유로 아담이 하나님께서 만드신 유일한 첫 사람이라는 성경 기록을 받아들이지 않는다. 더 나아가 선악과를 따 먹음으로써 얻게 된 원죄도 수용하기 어려워진다.

또한 아담이 처음부터 하나님의 형상대로 완전하게 창조되었다는 사실을 받아들이는 것도 불가능하다. 《무신론 기자, 크리스천 과학자에게 따지다》 역시 첫 사람 아담과 그가 행한 원죄에 관해 성경에서 벗어난 해석을 시도하거나 이를 지지하는 견해들을 쉽게 수용한다.

> 아담의 시대에 다른 사람들이 존재했을 가능성을 인정하고 있다.(p.232)

만일 성경에 등장하는 첫 사람 아담의 존재를 받아들이지 않는다면, 성경의 나머지 부분들이 모두 무너져 버리고 만다. 아담이 첫 사람이 아닌 여러 사람 가운데 선택된 한 명일 뿐이라는 것은 절대 있을 수 없는 일이다.

성경은 "첫 사람 아담"(고전 15:45), "모든 산 자의 어머니"(창 3:20)라는 표현으로 아담과 하와가 온 인류의 조상이며 첫 부부임을 밝힌다. 그리고 "인류의 모든 족속을 한 혈통으로 만드사"(행 17:26), 즉 인류가 한 사람에게서 비롯되었다고 말한다. 또한 예수님의 족보에 "그 위는 에노스요 그 위는 셋이요 그 위는 아담이요 그 위는 하나님이시니라"(눅 3:38)

고 기록함으로써 아담 이전에 존재한 사람에 관한 언급 없이 곧바로 하나님으로 넘어간다.

저자는 아담을 진화론적으로 해석하고 나서 원죄까지 비성경적으로 해석한다.

> 원죄가 사회적으로 혹은 영적으로 전승되는 것이라면 아담이 모든 인류의 조상일 필요는 없다… 원죄는 대표성의 원리에서 이해하는 것이 바람직하다.(p. 234)

저자는 원죄를 "사회적 혹은 영적으로 전승된 것"이라 말하며 "대표성"이란 표현을 쓴다. '사회적'이란 표현은 아담이 태어나기 전에 이미 여러 사람이 존재했으며 그들도 죄를 지었지만 그중에 한 사람 아담을 대표로 성경에 기록했다는 뜻이다. '영적'이란 표현은 아담이 선악과를 따 먹은 것은 실제 시공간에서 일어난 사건이 아니라 영적 의미에서 중요한 죄라는 뜻이다.

그러나 성경은 아담과 원죄에 관해 자세하게 기록했다. 하나님이 첫 사람 아담과 하와를 창조하신 장면, 선악과와 생명나무를 에덴동산에 두신 장면, 선악과를 먹지 말라고 명령하시고 먹었을 때는 죽으리라고 경고하시는 장면, 그들이 이 말씀을 거역하는 장면, 그 후 하나님이 아담과 하와에게 말씀하시는 장면, 그리고 저주하시는 장면 등…. 만약 저자의 주장이 옳다면 성경의 모든 기록이 거짓이 된다. 그러나 실제로 일어난 일이 아니라면 성경이 왜 이렇게까지 자세하게 기록했겠는가?

무엇보다 죄를 대속하기 위해 오신 예수님의 의미가 사라지게 된다. 단지 창세기뿐 아니라 신약에서도 이 사실을 기록하고 있다.

한 사람으로 말미암아 죄가 세상에 들어오고(롬 5:12)

아담 안에서 모든 사람이 죽은 것같이 그리스도 안에서 모든 사람이 삶을 얻으리라(고전 15:22)

기록된 바 첫 사람 아담은 생령이 되었다 함과 같이 마지막 아담은 살려 주는 영이 되었나니(고전 15:45)

13 이는 아담이 먼저 지음을 받고 하와가 그 후며 14 아담이 속은 것이 아니고 여자가 속아 죄에 빠졌음이라(딤전 2:13~14)

만약에 여기서 죄를 시작한 '한 사람'이 첫 사람 아담이 아니며, 그의 범죄로 인해 모든 사람이 죽게 된 것이 아니라면, 마지막 아담이신 예수님 안에서 모든 사람이 살게 된다는 것을 설명할 수 없다. 이와 같이 신약성경은 기본적으로 첫 사람 아담과 원죄를 역사적 사실로 받아들이고 복음의 교리를 설명한다.

저자는 처음부터 첫 사람 아담의 창조를 완전한 인간으로서의 창조가 아닌 진화의 결과로 보고, 성경의 기록을 그대로 받아들이지 않는다. 인간 창조에 관한 구체적인 진술이 성경에 기록되었음에도 불구하고, 지질시대라는 진화 역사가 마음에 있기 때문에 그와 상반된 성경의 진술을 거부하는 것이다.

이와 같이 타협이론을 주장하는 사람들은 스스로 크리스천이라고 말하면서도 성경을 그대로 받아들일 수 없는 모순 속에서 신앙생활을 하는 이중적인 상태를 유지하게 된다.

2. 진화라는 방법으로 인간이 창조되었다는 주장

유신론적 진화론은 진화의 메커니즘까지 그대로 수용한다. 이 책도 마찬가지다. 특히 복음과 직결되는 인간 창조, 즉 아담의 창조가 진화에 의한 것이었다고 말한다.

> 신이 자연선택이나 유전자 변이 등과 같이 인과관계를 설명할 수 있는 진화의 방식을 사용해서 인간을 창조하지 않아야 할 이유는 없다.(p. 84)

그러나 분명히 해 두어야 할 것은 자연선택이나 유전자 변이는 과학적으로 볼 때 검증되지 않은 진화의 메커니즘이라는 사실이다. 지금까지 어떤 과학적 관찰과 실험에서도 자연선택이나 유전자 변이를 통해 종류가 바뀌어 진화가 성립되었다는 보고는 없었기 때문이다.

두 과정을 통해 얻은 과학적 결과는 단지 한 종류 안에서만 다양해지는 변이뿐이었다.[25] 자연선택은 말 그대로 자연선택이다. 자연에 적

25 진화론자들은 한 종류 안에서 다양해지는 것을 '소진화'라 부른다. 그리고 아직까지 관찰된 적이 없는, 종류에서 다른 종류로 진화하는 과정을 '대진화'라 한다. 두 과정 모두 진화라는 단어를 사용함으로써 자신뿐 아니라 일반인들에게도 혼돈을 준다. 그러나 엄밀히 말하자면, 그들이 대진화로 부르는 것만이 진화이며, 소진화는 한 종류에서 다양해지는 변이에 불과하다.

합한 것은 남고, 적응하지 못하는 것은 도태되는 것 외에 그 이상도 그 이하도 아니다. 유전자 변이도 마찬가지다 유전자 변이라는 용어 자체가 의미하는 것처럼 한 종류 안에서 변화 가능한 '변이'일 뿐이다. 따라서 두 과정을 진화 메커니즘으로 보는 것은 전적으로 그릇되다.

그러므로 이런 식의 주장은 과학적으로도 받아들여질 수 없으며 성경에서도 찾을 수 없다. 진화론자에게도 여전히 딜레마인 문제를 크리스천이 받아들일 이유가 없다. 그럼에도 불구하고 많은 크리스천이 '자연선택이나 유전자 변이를 통해 인간을 창조하는 것에 문제가 없다'라는 유신론적 진화론의 주장에 고개를 끄덕이며 받아들인다.

이처럼 우리가 진화론에 관대한 이유는 진화론의 시대를 살고 있기 때문이다. 학교, 박물관, 매스컴 등 모두가 진화론 일색이다. 생물의 기원에 관해 배운 것이라고는 진화론이 전부라 해도 과언이 아니다. 대부분의 크리스천은 마음에 유신론적 진화론에 관한 막연한 신뢰를 갖고 있다. 그래서 누군가가 진화론과 성경을 혼합하는 주장을 하면 환영하게 되는 것이다.

> 아담이 진화의 방법으로 창조되면 안 되는 이유라도 있나?(p. 229)

> 인간의 진화가 한 개체에서 일어난 것인지 혹은 집단에서 일어난 것인지는 아직 확실치 않다. 그러나 앞서 얘기한 것처럼 생물학적 진화가 어떤 방식으로 일어났든지, 신은 한 인물이나 공동체를 택해서 언약 관계를 맺음으로써 진정한 인간이 되게 했다고 생각할 수 있지 않나?(p. 231)

우리는 지금까지 진화 인류학자들이 인류의 진화 조상으로 발표해 온 소위 '인류의 공통 조상'이 어떤 결론에 도달했는지를 알 필요가 있다. 그 증거들은 모두 원숭이의 뼈, 위조품 또는 다른 동물의 신체 일부로 밝혀졌다. 최근 진화론자들이 창조와 진화 논쟁을 할 때, 지금까지 발표되었던 인류의 공통 조상을 진화의 증거로 내세우지 않는 것만 봐도 그것들이 얼마나 허약한 증거였는지를 쉽게 알 수 있다.

유신론적 진화론자들은 수십억 년 동안 진화와 멸종이 반복되었다는 지질시대를 과거 역사로 받아들이기 때문에 아담의 범죄가 존재하기 전, 즉 인류가 탄생되기 훨씬 전부터 수많은 죽음이 있어왔다고 주장해야 한다. 또는 죽음뿐 아니라 진화론자들이 진화 메커니즘으로 여기는 적자생존, 생존경쟁, 멸종 등 끔찍한 일들이 수십억 년 동안 수없이 진행되었다가 마침내 인류로 진화되었다고 믿어야 한다.

성경은 첫 부부의 범죄로 인하여 '죄의 삯인 사망'이 들어왔다고 말한다. 지질시대표의 역사에 의하면 아담이 창조되기 이전에 이미 수많은 동물들이 죽어야 했는데, 이는 인간이 죄를 저지르기도 전에 하나님께서 수십억 년 동안 죽음을 묵과하셨어야 한다는 말이 된다. 그것은 성경과 정반대 역사를 믿도록 요구하는 것이다. 왜냐하면, 성경은 죄로 인해 창조 세계에 죽음이 들어왔고, 이 죽음을 멸하시기 위해서 예수 그리스도께서 이 땅에 오셨다고(사 25:8, 히 2:14) 말하기 때문이다. 하나님이 십자가 대속을 통해 우리에게 그토록 주고 싶은 회복은 바로 저주가 없는 세상인데, 그곳엔 죽음, 슬픔, 고통이 없다(계 21:4, 고전 15:26). 그러므로 첫 사람 아담의 범죄 이전에 죽음이 가득했던 역사는 결코 성경의 하나님이 행하신 역사가 아니다.

저자는 아담이 진화 과정으로 만들어졌다고 믿기 때문에, 인간이 어떻게 특별한 존재가 되었는가에 대해서도 성경에는 없는 자신의 상상 속 이야기를 펼친다.

> 다른 모든 창조물과 달리 인간이 특별하다는 것은 기독교의 가르침이 맞다. 그러나 그 가르침은 인간을 창조한 방법 자체가 특별하다는 뜻은 아니다.(p. 223)

그러나 이는 성경과는 동떨어진 주장이다. 성경은 인간 자체가 특별한 존재일 뿐 아니라 특별한 방법으로 창조되었다고 기록한다. 인간은 진화론적이거나 자연적인 방법이 아닌 처음부터 초자연적인 방법으로 완전하게 창조되었다. 성경 전체가 이것을 일관되게 기록한다.

> 하나님이 이르시되 우리의 형상을 따라 우리의 모양대로 우리가 사람을 만들고(창 1:26)

> 여호와 하나님이 땅의 흙으로 사람을 지으시고 생기를 그 코에 불어넣으시니(창 2:7)

> 아담에게서 취하신 그 갈빗대로 여자를 만드시고(창 2:22)

인간 창조에 관한 성경의 구체적인 진술이 있음에도 불구하고, 저자는 진화론을 향한 자신의 믿음 때문에 특별하게 창조된 성경의 진술을 거부한다. 이처럼 편견을 앞세워 성경에서 어떤 부분은 받아들이고 어떤 부분은 받아들이지 않는다면, 다른 사람이 성경을 전부 받아들이지 않는다고 해도 그리 문제 삼지 않게 된다. 왜냐하면 부분적으로 받아들이지 않거나 모두 받아들이지 않거나 모두 성경을 불신한다는 뜻이기 때문이다.

하나님이 하나님의 형상대로 인간을 죄 없는 특별한 존재로 창조하셨다는 성경의 기록은 예수 그리스도의 복음과 절대적으로 연결된다. 앞서 언급한 첫 사람 아담과 마지막 아담의 문제이기 때문이다. 그러므로 첫 사람 아담의 창조를 진화론적으로 엮는 것은 과학적인 증거도 없지만 복음을 무너뜨리는 자세다.

창세기는 허술한 기록이라는 주장

1. 창세기와 육하원칙

우종학 교수는 비교적 많은 분량을 할애하여 창세기 1장을 "전시 상황을 정확히 파악하지 못한 한 주민의 전쟁 기록"(p. 210~212)에 비유한다. 또한 전세를 정확하게 파악한 정보 장교가 육하원칙에 의거해 쓴 전투 기록이 아니라고도 말한다. 저자는 비유를 통해 창세기 1장을 하나님의 계시로 쓰인 책이 아닌 부정확하고 제한된 시각에서 작성된 '사람의 책'으로 전락시킨다.

창세기 1장이 육하원칙에 따라 창조 과정을 설명하고 있다고 생각

하나?(p. 210)

그러나 육하원칙이 무엇인가? 상황을 정확하게 기술하도록 사람이 정한 기준이다. 인간의 기준에 맞지 않다고 해서 하나님의 감동으로 쓰인 성경을 평가절하 한다면, 이는 성경을 인간의 사고 아래 가두려는 위험한 태도라고 볼 수밖에 없다.

더 중요한 것은 창세기 1장을 편견 없이 살펴보면 저자가 찾을 수 없다던 육하원칙의 모든 요소를 발견하게 된다는 것이다.

- 언제: 태초에, 첫째 날, 둘째 날, 셋째 날
- 어디서: 무(無)에서, 지구 위에, 하늘에, 궁창에, 바다에, 뭍에
- 누가: 하나님께서
- 무엇을: 하늘, 땅, 빛, 동식물, 별들, 인간
- 어떻게: 말씀으로, 바다의 물을 한곳으로 모으며, 생물을 그 종류대로, 인간을 하나님의 형상으로…
- 왜: 식물은 동물과 사람의 먹을거리로, 별들은 낮과 밤을 주관하며 징조와 계절과 날과 해를 이루게 하기 위하여

그러므로 창세기 1장에 육하원칙이 없다는 저자의 주장은 틀렸다. 저자가 창세기 1장을 육하원칙이 빠진 불완전한 기록으로 본 이유는 무엇인가? 몇 백억 년 전에 대폭발로 인해 우주가 시작되었고, 수십억 년 동안 진화와 멸종이 반복되었다는 진화 역사가 저자의 마음속에 자리 잡고 있기 때문이다. 그래서 성경에서 육하원칙을 찾고자 하

는 노력을 하지 않은 것이다.

다음 진술도 그와 비슷한 맥락으로 이해할 수 있다.

> 과학은 '어떻게'라는 문제를 다루고, 신앙은 '왜'라는 문제를 다룬다 말할 수도 있다.(p. 120)

이것은 크리스천으로서 올바른 주장이 아니다. 저자의 말처럼 신앙이 '왜'에 관한 문제만을 다룬다고 한다면, 그것은 성경에서 말하는 신앙이 아닌 다른 종교나 사람들이 스스로 만든 철학에나 어울리는 주장이다.

앞서 창세기 1장의 예를 든 것처럼 하나님은 성경 안에서 '언제, 어디서, 누가, 무엇을, 어떻게, 왜'라고 하는, 저자가 필요하다고 주장한 육하원칙을 포함한 모든 것을 사용하신다. 이것이 기독교가 다른 종교나 철학과는 구별되는 가장 독특한 특징 중에 하나다. 성경은 하나님, 인간, 피조물, 사탄이 시공간에서 행한 실제 역사를 통해서 '왜'를 말하고 있기 때문이다.

성경에는 세상에서 일어나지 않았던 일은 기록되지 않았으며 오로지 실제로 일어났던 일과 앞으로 일어날 일들에 관해서만 기록되어 있다. 저자의 진술은 그의 안에 잠재된 결심인 것이다. 즉 "나는 과학으로부터는 '어떻게'에 관한 답을 가져오고, 신앙으로부터는 '왜'란 답을 가져오기로 했다"로 바꾸어야 정직한 표현일 것이다.

성경은 막연한 개념상의 하나님이 아닌 과거에 실제로 행하셨고, 지금도 행하고 계시며, 앞으로도 행하실 역사 속에 실재하는 분임을 보여 준다. 크리스천은 이 점을 분명히 알아야 한다. 우리는 성경 속에 갇힌 하나님을 믿는 것이 아니라 성경에 기록된 대로 행하셨고 지금도 시공간 속에서 여전히 행하시는 하나님을 믿는 것이다.

인간은 과학을 통해서 우주 만물의 운행과 작용 원리에 대해 '어떻게'라는 질문의 답을 조금씩 알아가고 있을 뿐이다. 그러나 과학은 '왜'에 대한 대답은 절대 줄 수 없다. 다시 말해, 과학은 물질세계에 관해 부분적으로 알려 줄 뿐이지만 기독교 신앙은 '언제, 어디서, 누가, 무엇을, 어떻게, 왜'에 관해 근본적인 관점과 지식을 모두 알려 준다.

결국 저자는 과학의 한계를 보완하기 위해 성경으로부터 '왜'의 답을 찾으려는 태도를 통해, 마치 과학이 '어떻게'에 관한 모든 답을 말해 주며 성경은 '왜'에 대해서만 말해 줄 수 있다는 식의 이원론적 관점을 보이고 있다. 이러한 태도는 과학에 필요 이상의 권위를 부여해 주고, 반대로 성경은 부분적으로 취사선택할 수 있는 것에 불과하다는 그릇된 신앙을 심어 준다.

성경은 어떤 사건이 언제, 어디서, 누가, 무엇을, 어떻게, 왜 일어났는지를 여느 역사책보다도 분명히 기록하고 있기 때문에, 독자가 성경을 읽을 때 이 사실을 일부러 무시하지만 않는다면 육하원칙의 요소를 쉽게 발견할 수 있다.

만약 하나님이 성경에서 역사적 사건을 '왜'라는 부분에만 국한하여 알려 주려고 하셨다면, 무엇 때문에 노아의 방주나 성막에 관해 그렇게까지 구체적으로 규격과 방법을 알려 주며 '어떻게' 만들라고 지시하셨겠는가? 성경은 '어떻게'에 관해 침묵한 적이 없다.

어떤 면에서는 창세기 1장에서 세상을 창조하신 '왜'라는 이유를 찾기가 가장 어렵다. '왜'에 관한 답은 성경 전체를 읽고, 예수 그리스도의 복음을 알아야만 분명히 이해할 수 있기 때문이다.

저자는 다음 문장에서도 비슷한 자세를 보인다.

> 성경은 과학 백과사전도 아니고 자연사를 담은 과학 책도 아니지 않은가? 그런 내용은 자연이라는 책을 통해서 우리가 얼마든지 읽고 배울 수 있는 것이다.(p. 215)

누구나 아는 바와 같이 성경은 백과사전이 아니다. 그러나 성경은 우주, 생물, 인간의 창조와 타락, 전 지구적인 격변의 심판 등 기본적으로 알아야 할 자연사를 분명히 담고 있다. 단지 저자는 진화론을 더 신뢰하기 때문에 성경의 기록들을 인정하지 않을 뿐이다.

그렇다면 백과사전이나 과학책이 모든 역사와 진리를 포함하는가? 책에 담기는 진리는 너무나 제한적이다. 모든 것을 담을 수 없고, 항상 옳은 것만 담을 수도 없기 때문이다. 허물 많은 인간이 쓴 것들이기에 시대가 지나면 내용이나 평가가 달라진다. 앞에 인용된 언급은 전지하신 하나님이 계시하신 성경보다 제한적인 지식을 가진 사람의 업적에 더 신빙성을 두고 있는 것이 아닌가 하는 의구심이 들게 한다.

성경이 백과사전은 아니지만 '사실'을 기록한 책이라는 점을 알아야 한다. 사실이 기록되었다는 것은 모든 것이 진술되었다는 뜻이 아니다. 말 그대로, 쓰인 내용이 틀리지 않다는 뜻이다. 즉 창세기 1장에 모든 것이 기록되지 않았다고 해도 '종류대로 창조된 생물', '이를 다스리도록 창조된 하나님의 형상', '먹을거리로 창조된 식물', '엿새 동안 진행된 창조의 전 과정', '첫째 날에 지구를, 넷째 날에 별들을 창조하심', '첫 사람 아담' 등 기록된 전부가 사실이라는 것이다.

성경은 사실만을 기록했기 때문에, 기록되지 않은 내용이 궁금하면 성경을 근거로 유추해야만 실수 없이 답을 구할 수 있다. 성경을 신뢰하지 않으면, 저자가 앞서 솔로몬의 성전 물통에서 보인 것과 같은 실수를 저지르게 된다.

저자를 포함한 유신론적 진화론자들은 "나는 성경을 믿지 않는다"고 말하는 편이 더 떳떳해 보인다. 마치 성경을 믿는 것처럼 말하면서 성경을 있는 그대로 믿는 순수한 신앙인들의 마음을 어지럽히고 폄하하지 말아야 한다.

크리스천 신앙의 근거는 모두 성경에 있으며, 특별히 창조 기록이 실린 창세기가 가장 기초가 된다. 창세기가 사실이 아니라면 성경 전체가 의미 없어지고 복음 또한 사라질 것이다. 그러나 저자는 성경을 믿지 않아도 신앙을 유지할 수 있다는 그릇된 주장을 펼치고 있다.

유신론적 진화론자들은 진화 역사가 성경에 기록되어 있지 않은 이유는 창세기가 고대 근동 지방 개념에서 쓰였기 때문이라고 주장한다.

> 창세기는 몇 천 년 전에 고대 근동 지방에서 쓰였기 때문에… 우리가 21세기 과학을 통해서 알고 있는 우주 대폭발이나 우주 팽창 혹은 생물 진화를 하나님이 창세기 기자에게 영상으로 보여 주었다고 하더라도, 창세기 기자는 자신이 갖고 있던 지식과 우주관을 토대로 글을 쓸 수밖에 없지 않은가… 그러니까 창세기 1장에는 하나님이 대폭발을 통해 '우주 팽창을 시작하시니라'라던가 '별의 내부에서

핵융합 반응을 통해 인간의 몸을 구성할 탄소를 창조하시니라' 같은 표현이 결코 나올 수 없다.(p. 213)

그런데 저자가 주장하는 '우주가 폭발이나 핵융합으로 시작되었고, 생물이 진화되어 왔다'는 믿음은 누구의 상상이며 누가 만든 것인가? 진화론적 해석에서 나온 말일 뿐이다. 하나님이 일어난 적도 없는 그런 영상을 창세기 기자에게 보여 주셨을 리도 없거니와 창세기에서 그런 단어들이 발견되지 않는다 해서 성경의 기록이 사실이 아니라거나 시대에 뒤떨어진 상황에서 쓰인 것이라는 생각은 정말로 억지가 아닐 수 없다.

별이나 우주 공간은 스스로 말을 하지 않는다. 따라서 과학자들이 나름대로 해석해야 한다. 왜냐하면 우주나 별이 창조되었을 때 거기에 어느 누구도 없었기 때문이다. 과학자는 자신이 가진 연구 대상을 통해 과거의 일들을 '해석'할 뿐이며, 해석의 과정에는 반드시 전제가 필요하다.

이 부분에 관해 저자는 많은 혼돈을 보이는데, 용어 사용의 문제점에 관하여는 다음 단원에서 더 자세히 다룰 것이다.

크리스천은 피조물을 볼 때, 그 자리에 계셔서 직접 행하신 하나님의 말씀을 결코 무시해서는 안 된다. 그런 면에서 성경은 증인의 증언과도 같다. 그러나 저자는 이와 반대로 행한다. '말을 하지 않는 피조물에 대한 사람들의 해석'은 그대로 받아들이고, '말을 하고 있는 성경'은 해석해야 한다고 주장한 것이다. 즉 '말을 하지 않는 피조물'에 관한 과학자의 해석을 '말씀하고 있는 하나님의 성경'보다 우위에 둔 것이다.

저자는 다음 글에서도 동일한 자세를 보인다.

> '우주는 왜 존재하는가'와 같은 목적론적 질문을 제외한 모든 과학적 질문들을 궁극적으로 자연적 방식, 즉 '과학으로 답할 수 있다'라는 전제를 갖는다고 가정하자… 그런데 이런 전제를 크리스천이 가지면 안 되는 이유는 무엇인가?(p. 195)

그러나 성경은 이런 자세를 단호히 꾸짖는다. "내가 땅의 기초를 놓을 때에 네가 어디 있었느냐 네가 깨달아 알았거든 말할지니라"(욥 38:4)라고 질타하며, 창조 장면을 인간 스스로 깨달아 알 수 없다고 하셨다. 과거에 일어난 사건은 그때 거기에 있었던 증인을 통해야만 가장 잘 알 수 있다는 사실은 상식이 아닌가?

> (성경은) 예수 그리스도가 누구인지, 구원의 길이 무엇인지, 이 세상의 창조주가 누구인지를 가르쳐 준다. 반면 자연은 하나님이 주신 일반계시로서 하나님이 우주를 어떻게 주관하시는지, 세상을 어떻게 다루시는지 알려 준다.(p. 104)

다시 한 번 강조하지만, 저자의 말처럼 자연은 하나님이 우주와 세상을 어떻게 주관하는지를 말하지 않는다. 침묵할 뿐이다. 자연이 이를 담고 있다고 해도 우리가 그것을 스스로 알 수는 없다. 과학자가 우주와 생명이 운행하는 지금 모습을 관찰한다 할지라도, 어떤 과정을 거쳐 지금의 위치까지 와서 이같이 운행하고 있는지는 제각각 다르게 해석할 뿐이다. 시대의 신념과 자신의 편견에 따라서 말이다.

과학의 한계와 과학자의 오류는 '과거'를 재구성하려고 시도할 때 훨씬 더 커진다. 그런 시도를 할 때, 검증 불가능한 전제와 해석들이 훨씬 더 많이 덧붙여지기 때문이다. 이런 이유로 하나님은 현재 보이는 것과는 전혀 다른 과정을 거친 과거 역사에 관해서는 스스로 깨달아 알 수 없다고 말씀하셨다.

오히려 하나님이 우주를 어떻게 주관하시는지는 자연이 아닌 성경이 말하고 있다.

> 16 하나님이 두 큰 광명체를 만드사 큰 광명체로 낮을 주관하게 하시고 작은 광명체로 밤을 주관하게 하시며 또 별들을 만드시고 … 18
> 빛과 어둠을 나뉘게 하시니(창 1:16, 18)

> 해로 낮을 주관하게 하신 이에게 감사하라(시 136:8)

> 그의 능력의 말씀으로 만물을 붙드시며(히 1:3)

우리는 이 하나님의 말씀을 그 자리에 없었던 우리 자신의 편견으로 해석해야 할까?

저자는 교황 요한 바오로 2세의 말을 인용하며 자기 생각을 정당화하기도 한다.

> 과학은 오류와 미신으로부터 종교를 정화할 수 있으며, 종교는 맹목적 숭배와 잘못된 절대성으로부터 과학을 정화시킬 수 있다.(p. 106)

요한 바오로 2세의 발언은 기독교가 아닌 다른 종교에는 적용될 수 있을 것이다. 그러나 창조자의 말씀을 맡은 기독교에도 이것을 적용할 수 있는가? 과학이 오류와 미신으로부터 성경을 정화한 적이 있었던가, 아니면 성경이 그릇된 과거 해석과 미신의 굴레로부터 인간을 벗어나게 하는가?

요한 바오로 2세가 1997년에 진화론을 공식적으로 인정했다는 사실을 기억해야 한다. 종교 지도자라 할지라도 성경에 관한 바른 신뢰가 없다면 이런 말을 하게 되는 것이다.

2. 진화 과정 속에 갇힌 하나님

진화론자들은 오랜 시간 동안 자연선택과 같은 과정을 통해 생물이 지금 모습을 갖추게 되었다고 믿기 때문에, 그에 영향을 받은 유신론적 진화론자들도 하나님의 초월적인 능력을 진화 과정 속으로 제한하며 자연 과정을 우선시한다. 하나님이 자연 과정을 초월한 기적을 통해서 세상을 창조하셨다는 사실을 부정하는 것이다. 이런 자세는 저자의 책에서도 동일하게 드러난다.

> … 창조는 기적을 통해 이루어지지 않는다. 하나님은 원래 창조 세계에 부여하셨던 자연법칙을 따라 자연적인 방식을 통해 섬과 별과 생명을 비롯한 다양한 창조 세계의 구성물을 창조하고 계신다.(p. 244)

과연 신의 창조 방법을 기적으로만 제한하는 것은 과연 옳은 것인가?(p. 243)

(하나님이 설계했다는 생각은) 어떤 면에서 신을 우리의 설계 개념 안에 끌어내리려는 것이다.(p. 199)

성경에서 가장 큰 기적은 무엇일까? 모든 것을 초월하신 분의 창조다. 그러나 저자는 창조가 기적을 통해 이뤄지지 않았으며 자연법칙 안에서 이루어졌다고 주장한다. 자연 과정을 넘어선 설계로 창조가 이루어졌다고 주장하는 자들이 오히려 설계 개념 안에 신을 가두는 "우물 안 개구리"(p. 200)의 자세를 가졌다고 비판한다.

이게 무슨 말인가? 진화라는 자연 과정의 틀에서 하나님의 창조를 설명하는 저자의 생각과 자연을 초월하신 분의 설계로 창조를 설명하는 성경 기록 중에 과연 어느 쪽이 하나님을 더 제한하는 것일까? 당연히 진화와 자연 과정으로 설명하는 쪽이 피조물을 초월하신 하나님의 능력을 더 제한한다.

크리스천은 기적을 믿는 데 어려움이 없다. 왜냐하면 자연법칙과 물질을 초월하신 창조자를 믿기 때문이다. 그래서 창조자이신 예수님이 이 땅에서 행하신 기적들을 받아들이는 데 전혀 문제가 없다. 조금만 생각해 보면, 하나님이 자연 방식으로 창조하고 계시다는 견해는 비성경적이며 비논리적임을 알 수 있다.

성경은 다음과 같이 말한다.

1 천지와 만물이 다 이루어지니라 2 하나님이 그가 하시던 일을 일곱째 날에 마치시니 그가 하시던 모든 일을 그치고(창 2:1~2)

창조가 엿새 동안 다 이루어졌다. 하나님이 창조에 관한 모든 일을 마치셨다는 것이다. 즉 창조는 지금 진행 중인 사역이 아니다. 창조가 이미 '다 이루어졌고', '마쳤고', '그쳤다'(창 2:1~3).

전능하신 하나님이 창조 기적으로 천지와 만물과 그것들을 운행하게 하시는 자연법칙과 피조물을 함께 만드셨고, 지금은 만물이 법칙에 의해 운행되도록 능력의 말씀으로 붙들고 계신다. 하나님이 자연법칙을 완벽하게 만드셨기에 자연 과정이라고 불리는 피조세계의 운행과 작동이 존재한다. 그러나 완벽한 설계 없이 과연 무엇이 이루어질 수 있는가? 그러므로 창조가 기적이 아닌 자연적인 과정에 의해 이루어졌다는 의견은 성경과 현실 세계 모두를 왜곡시키는 주장일 뿐이다.

조금만 주의를 기울여 저자의 책을 읽으면 비논리적인 면을 어렵지 않게 찾아낼 수 있다. 그러나 통찰력 없이 읽다 보면 저자가 성경을 신뢰하고 있는지 아닌지를 파악하기 힘들다.

저자는 다음과 같이 말한다.

종교개혁자들도 성경이 가르쳐 주는 데까지 가고 성경이 가르쳐 주지 않는 것에 대해서는 멈추라는 얘기를 하지 않았나.(p. 212)

성경이 말하지 않는 내용을 성경에서 찾으려는 생각은 위험하다.(p. 250)

그러나 정작 저자가 성경이 가르쳐 주지 않는 부분을 스스로 추가하고, 가르쳐 주는 부분을 무시하는 위험한 일을 하고 있다. 성경 어디에 하나님이 자연선택과 유전자 변이를 통해 생물을 창조하셨다는 말이 있는가? 성경 어디에 원죄가 사회적으로 전승된다고 쓰여 있는가?

이런 억지스러운 주장이 나온 이유는, 존재하지 않는 진화 역사를 진짜 역사인 성경과 함께 엮으려는 무모한 시도를 했기 때문이다. 이런 생각에 기초하여 저자는 책 말미에 자신이 믿는 창조 과정과 진화 과정을 다음과 같이 요약해 놓았다.

> 138억 년 동안 우주는 멋있게 변해 왔다. 중력은 균일했던 아기 우주를 성장시켜 거미줄처럼 엮인 거시 구조로 바꾸어 놓았고, 오색찬란한 은하들이 병합되고 자라는 과정에서 수많은 별들이 피고 졌다. 별은 내부의 핵융합 반응을 통해 탄소나 산소와 같은 새로운 원소를 만들었다가 죽음을 맞이하며 우주 공간에 다양한 원소들을 뿌렸다. 이 원소들은 다음 세대에 태어난 별과 행성의 원료가 되었고, 지구상에 살고 있는 모든 생물을 구성하는 탄소 원자 하나하나가 바로 이름 모를 별들의 내부에서 만들어졌다. 과학은 은하와 별과 행성의 생성과 소멸을 담은 장구한 우주 진화의 역사를 우리에게 흥미롭게 들려준다.(p. 242)

우주 역사는 인간에 의해 관찰되거나 실험으로 검증된 적이 한 번도 없다. 시공간적으로 아주 제한적인 데이터와 모델에 의거한 외삽법(extrapolation)으로 만들어 낸 가상의 진화 역사일 뿐이다. 저자는 가상의 역사인 진화론으로 성경을 재해석해야 한다고 주장하며, 만약 그렇게 하지 않은 채 성경을 그대로 믿는다면 그것이 '성경교'라고 말한다.

위의 점검을 통해 유신론적 진화론이 '성경과 조화를 이루는가'에 관해 다음과 같이 답할 수 있다.

- 하나님의 성품과 능력에 조화를 이루는가? No
- 복음과 조화를 이루는가? No
- 성경이 말하는, 과거를 알기 위한 자세와 일치하는가? No
- 창세기에 기록된 내용인가? No

진화 증거와 방식의 제안

유신론적 진화론자들은 진화 메커니즘과 진화 역사를 그대로 받아들이므로 진화론이 옳다는 증거를 제시해야 한다. 우종학 교수도 이런 입장에서 진화의 증거로서 충분한 화석 기록이 확보되어 있다고 주장한다.

1. 전이화석

> 최근에 진화 고리를 연결하는 화석들이 많이 확보되었고 연결고리마다 비어 있던 틈새들을 채우는 화석들이 계속 발견되고 있다.(p.161, 163)

저자는 현실을 외면한 채 완전히 반대되는 주장을 펼치고 있다. 아직까지 학계에서 진화 과정을 보여 주는 것으로 확정된 전이화석은 하나도 없다. 앞서 이미 언급했던 1980년에 시카고에서 '대진화'라는 주제로 열렸던 회의를 상기할 필요가 있다. 그때 내린 결론 중에 하나가 화석에서 전이 형태가 발견되지 않았다는 것이다.

전이 형태의 화석은 지금까지도 여전히 전무한 상태다. 가끔 전이화석으로 추정되는 것들이 발표되기는 하지만, 그 근거가 너무 빈약할 뿐 아니라 얼마 지나지 않아 회의적인 반박에 부딪히곤 한다.

실제로 창조론자들이 지적하는 진화론의 심각한 오류는 일반적으로 전이화석의 부재에서 그 근거를 찾는다. 저자가 어디에서 그러한 잘못된 정보를 얻었는지 궁금하다. 저자가 알고 있다는 많은 전이화석 중에 확실한 증거를 하나만이라도 제시해 주기를 바란다.

캘리포니아대학의 레즈닉(David N. Reznick) 교수가 〈네이처〉지에 언급한 다음 글은 살아 있는 생물이나 이미 죽은 화석에서나 전이 형태가 없음을 잘 보여 준다.

> 대진화는 다윈에게 문제를 제시했다. 왜냐하면 수정을 거치며 다음 세대에 전달된다는 (진화론적) 원리는 어떤 단계를 보여 주는 전이 형태의 등장을 예상하도록 하기 때문이다…… 그러나 아직까지 자연 속에서 그런 전이 형태는 거의 없다. 자연계는 오히려 간격과 불연속의 특징을 자주 보인다. 간격의 유형이란 눈(eye)같이 '극도로 완벽한 기관'이나 또는 날개같이 혁신적인 형태 등을 의미한다. 이들은 어떻게 진화되었는지 증거를 남겨두지 않은 채 지금의 완전한

형태로 발견된다. 또한 분류학적인 계층 구조 안에서 종과 더 높은 단계의 종들 사이에 전이의 증거가 없는 간격으로 나뉜다. 발견된 화석 기록에서 모든 종들이 메워지지 않은 채 불연속적이라는 점을 추가시킨다면, 오늘날의 개념상으로 이런 불연속들은 소진화와 대진화 사이의 차이를 나뉘게 한다.[26]

한편, 저자는 같은 지면에서 전이화석이 발견되기 어려운 이유를 말하기도 한다.

> 빠르게 진화가 일어나는 단계에 있는 종들은 안정적인 단계에 있는 종들에 비해 화석으로 만들어질 가능성이 훨씬 적다.(p. 161)

여기서 저자는 1980년대 초에 등장한 단속평형설(Punctuated Equilibrium)을 인용하고 있다. 이것은 전이화석이 발견되지 않자 당시 진화론자들의 리더 격이었던 굴드(Stephen J. Gould, 미국, 1941~2002)가 상상해서 만든 이론이다. 간단히 말하자면, 중간 단계 화석이 존재하지 않는 것은 어느 순간 진화의 속도가 너무 빨라져서 진화하는 과정을 남기지 못했기 때문이라는 것이다. 얼마나 엉뚱하고 믿기 어려운 이론인가? 이 이론은 전이화석이 존재하지 않는데도 자신들이 믿는 진화론을 고수하기 위해 궁여지책으로 만든 것이다. 즉 증거를 토대로 나온 것이 아니라 증거의 부재에서 나온 이론이다. 그러므로 이 이론이 나왔을 때 학계

---

26 David N. Reznick and Robert E. Ricklefs, "Darwin's bridge between microevolution and macroevolution", *Nature* 457(7231): 837, 2009.

에서 적잖은 반박이 있었음은 놀랄 일이 아니다.[27]

바로 앞에 전이화석이 많이 확보된 것이 진화론의 근거라고 주장하던 저자가 이번에는 전이화석이 없기 때문에 등장한 상반되는 이론을 진화를 옹호하는 데 사용하고 있는 것이다. 저자는 단순한 생물에서 고등생물로 진화했다는 고전적인 진화론을 주장하든지, 전이화석이 없기 때문에 등장한 단속평형설을 주장하든지 둘 중에 하나만 취해야 할 것이다. 물론 두 이론 모두 진화했다는 믿음만 존재할 뿐 증거는 없는 진화론의 허점을 드러내기는 마찬가지다. 따라서 앞뒤가 맞지 않는 주장을 하는 것으로 보아, 저자는 화석과 진화의 관계에 대해 제대로 파악하지 못하고 있는 듯하다.

2. 인간과 침팬지의 유사한 유전자

> 인간과 침팬지가 매우 유사한 유전자를 갖는다는 것은 인간과 침팬지가 각각 과거에 같은 조상에서 진화해 왔다는 것을 보여 준다.(p. 166)

외모가 비슷하면 유전자도 유사한 것이 당연하다. 그러나 침팬지(48개)와 인간(46개)의 염색체 수는 서로 다를 뿐더러 그 격차가 너무 크다. 침팬지와 인간의 DNA가 96% 정도 비슷하다고 일반적으로 알려져 있지만, 이 통계를 낼 때 제외된 데이터가 무수히 많다는 사실을 알아야 한다. 정직하게 비교하면, 66~76%에 불과할 것으로 보이는데, 이는

---

27 단속평형이론은 실험적 증거에 의해서 나온 것이 아니라 증거의 부족에서 나온 것이다. 즉 화석기록에서 존재하는 간격 때문이다. *American Biology Teacher*, vol.56, 1994.

침팬지와 사람의 신체적 나이에 비교될 수 있는 숫자이며 그 차이는 진화론적으로도 설명할 수 없을 정도로 엄청나게 크다.[28] 또한 침팬지에게는 있지만 사람에게는 없고, 사람에게는 있지만 침팬지에게는 없는 것까지 모두 고려하면 그 차이는 더욱 커지기 때문에 서로를 비교한다는 것 자체가 쉽지 않다.

저자는 유전자의 유사성과 함께 인간과 침팬지 사이에 기능과 상관없는 유사 유전자가 동일하다는 것을 진화의 강력한 증거로 내세운다 (p.167). 예를 들어, 침팬지가 비타민 C를 만드는 유전자가 고장 나서 그 기능을 잃어버렸다고 지적하며, 인간도 동일하게 비타민 C를 만들지 못하는 유전자를 갖고 있다고 말한다. 또 대부분의 동물들과 달리 인간과 침팬지는 비타민 C를 생산하지는 못하지만, 비타민 C 생산에 필요한 유사 유전자를 갖고 있기 때문에 이것이 인간과 침팬지가 같은 조상에서 진화한 증거라고 주장한다.

하지만 최근 연구들은 유사 유전자는 진화 과정에서 파생된 것이 아니라 다른 조절 목적으로 존재할 것이라 예상하고 있다. 저자는 이 같은 설명이 해석이라는 점을 언급하지 않았을 뿐 아니라 이를 인지하지도 못한 듯하다. 단지 진화론자들이 자신에 맞게 해석한 것을 검증 없이 그대로 사용하고 있다.

그동안 많은 진화론자가 동물과 사람 간 생김새의 유사성을 진화의 증거로 제시해 왔다. 그러나 이들이 같은 공기, 같은 중력, 같은 음식, 같은 환경에서 함께 살며 재생산할 것을 고려한 설계자가 모양과 기

28 Jeffrey Tomkins, "Comprehensive Analysis of Chimpanzee and Human Chromosomes Reveals Average DNA Similarity of 70%", ***Answers Research Journal***, February 20, 2013.

관을 유사하게 만든 것은 당연하다. 실제로 신체에 초점을 맞추어 각 동물의 기관들을 살펴보면, 각각 신체에 맞게 완벽하게 설계되었음을 알 수 있다. 그런데 그 기관들을 다른 동물에게 적용하면 무용지물이 된다. 즉 유사성은 같은 조건의 환경에서 각각의 기능을 고려하신 창조자의 능력과 지혜를 보여 준다고 이해하는 것이 바람직하다.

3. 확률

> 우연이라고 설명되는 현상이 설계를 배제한다고 생각하나? … 신이 우연한 사건을 이용하여 특정한 사람이 복권에 당첨되게 했다고 볼 수도 있다. 즉 신이 그렇게 의도했다고 볼 수 있다는 것이다.(p. 92)

> 실제로 성경을 보면 이런 예가 많다. 하나님이 제비뽑기를 통해 자신의 뜻을 알려 주는 경우가 꽤 있다. 제비를 뽑아서 한 사람이 당첨되는 것은 과학적으로 볼 때 외부의 통제나 방향성 없이 발생하는 우연한 사건이지만, 하나님은 그 사건을 사용해서 자신의 뜻을 드러내신다….(p. 93)

저자는 하나님의 설계방식을 확률과 우연으로 받아들일 것을 제안한다. 그리고 그 예로 복권 당첨이 하나님의 의도일 수 있다고 말한다. 이런 식의 주장은 독자를 참으로 혼란스럽게 만든다. 우연과 설계를 한데 묶는 것만 해도 고개가 갸우뚱해지는데, 하나님이 결코 자연적이지 않고 발생 불가능한 확률을 통해 진화를 일으키신다는 비현실적인 주장을 하는 것이다.

하나님이 확률을 통해 어렵사리 진화를 진행하셨다는 것과 처음부터 전능하신 손길로 완벽하게 창조하셨다는 것 중에서 어느 쪽이 더 믿기 쉬울까? 복권 당첨이나 제비뽑기를 통해 자기 뜻을 알려 주신다는 이야기가 과연 하나님이 진화를 통해 생물을 변화시켜 가신다는 주장의 적절한 예인가?

창조론자들이 확률을 통해 진화의 불가능성을 제시할 때는 실제 의도를 제대로 이해할 필요가 있다. 예를 들어, 아미노산이 우연히 조합되어 단순한 생명체의 단백질 하나로 만들어질 확률은 $1/10^{125}$이다. 수학적으로 표현이 가능하더라도 이런 확률적 접근은 실제로 진화가 불가능함을 설명하기 위한 것이다. 확률이란 상대 빈도를 나타내기 때문에 우리가 알고 있는 요인을 제한해야 적용할 수 있다. 따라서 우리가 모르는 요인이 늘어날수록 확률이 훨씬 더 작아지기 때문에, 확률적으로 접근할 수 없다고 말하려는 것이 실제 의도다.

그러므로 하나님이 불가능한 일을 확률에 의해 진행하도록 설계하셨다는 말은 그 자체로 논리적 모순이다. 불가능한 일은 확률이 없기 때문이다. 그것은 단지 기적이라고 말해야 한다. 그런데도 유신론적 진화론자들은 그 적합한 단어인 기적을 쓰기 꺼리며 모순적인 말로 사고를 흐리게 한다.

성경에서 말하는 기적이란 자연법칙으로는 설명되지 않는 일로 초월적인 능력에 의해 어떤 목적을 가지고 일어난 것을 가리킨다. 그러므로 확률적으로 희박한 것과 기적은 다르다. 성경의 기적에는 목적이 있기 때문이다.

우연이란 무엇인가? 우연이란 주사위를 던지는 것과 같다. 여기에는 능력이나 계획이 필요 없다. 지적 능력과 계획이 반영되지 않는 과정은 하나님과 절대로 어울리지 않는다. 스프라울(Robert Charles Sproul, 미국, 1939~)은 하나님이 우연을 사용하셨을 것으로 여기는 유신론적 진화론자들에게 다음과 같이 일침을 가했다.

> 만일 피조물이 우연히 생겼다면, 그것은 하나님의 주권을 파괴하는 일이다. 만약 하나님이 주권적으로 창조하지 않으셨다면, 그분은 하나님이 아니다. 그러므로 만일 우연이 존재한다면 하나님이 계시는 것이 아니다. 만일 하나님이 계시다면 우연이란 없다.[29]

우연에는 무엇을 할 수 있는 힘이 없다. 우연은 비인격적이고 결코 지적이지도 않으며 목적도 없다. 그러므로 우연과 하나님은 결코 함께할 수 없다. 창조를 말하면서 우연과 확률을 동시에 말한다면, 절대로 우리가 믿는 하나님일 리가 없다. 그분은 전능하시고 인격적이시며 전지하신 분이기 때문이다. 따라서 유신론적 진화론자들은 "어떤 일을 일으킬 힘을 우연에 부여한다면, 이는 믿음의 문제가 아니라 깊이 생각할 줄 모르는 문제다"라는 스프라울의 말을 주의 깊게 새겨들어야 할 것이다.

또한 하나님이 제비뽑기를 통해서 자신의 뜻을 드러내신다는 것을 진화와 연결시키는 것은 정말 어울리지 않는 상상이다. 하나님이 언급하신 제비뽑기에는 확률이란 의미가 담겨 있지 않을 뿐만 아니라,

---

29 R. C. Sproul, *Not A Chance*, Baker Book, Grand Rapids, Michigan, 49516, 2014.

소위 저자가 말하는 우연과는 전혀 다르기 때문이다.

성경에서 제비뽑기는 속죄제를 드리는 두 제물 가운데 어느 것을 여호와께 드릴지 뽑을 때(레 16:8~9), 종족에 따라 땅을 분배할 때(민 33:54; 수 18:6), 여리고 성 점령에서 범죄한 아간을 뽑을 때(수 7:14~18), 제사장 직분과 성전에서 일하는 역할을 나눌 때(대상 24~26장) 등장했다. 여기서 제비뽑기는 우연에 맡기는 행위가 아니다. 사람이 정하지 않고 하나님께 주권을 맡긴다는 의미가 담겨 있는 것이다.

또한 "제비 뽑는 것은 다툼을 그치게 하여 강한 자 사이에 해결하게 하느니라"(잠 18:18)라는 말씀처럼 제비뽑기는 죄악이 들어온 이후에 편견으로 가득 찬 우리에게 주신 하나의 방편일 뿐, 지금까지 생물이 진화해 오도록 하신 그분의 설계방법이 아니다.

더군다나 제비뽑기나 복권 당첨의 성공 빈도는 현실 세계에서 일어날 수 있는 범위의 확률을 가진다. 그러나 단순세포는 고사하고, 생명체를 이룰 유기물이 형성되는 일조차 현실 세계에서는 발생 가능한 범위를 완전히 벗어나는 불가능한 확률을 보인다. 따라서 확률을 가지고 논할 때, 제비뽑기와 진화는 호환될 수 없는 전혀 다른 문제다.

하나님이 불가능한 확률을 통해 기적을 일으키셨다면 진화 기적이라고 말해야 한다. 왜 기록된 말씀대로의 창조 기적 대신에 진화 기적을 택해야 한단 말인가? 그런 무리한 발상까지 동원하는 것은 단지 창조론자들이 언급한 것에 대해 반대하기 위한 반대라는 생각을 떨칠 수 없다.

오늘날 가장 강력한 무신론자이자 가장 극단적인 진화론자를 꼽으라면 도킨스(Richard Dawkins, 영국, 1941~)를 들 수 있을 것이다. 극단적 진화론자로 유명한 그도 지구에서 생물의 우연 발생은 불가능하다고 생각한다. 그는 다큐멘터리 영화 〈추방〉(Expelled)에서 진행자의 추궁에 우주의 복잡한 첫 시작은 "아마도 더 높은 지능 소유자의 디자인"일 수 있다고 답변했다.[30]

그런데 저자는 스스로 크리스천이라고 말하면서도 무신론자인 도킨스보다 더 극단적인 자세를 취하고 있다. 성경에 기록되어 있지 않고, 과학적이지도 않으며, 그분의 성품과도 전혀 어울리지 않는 주장을 하는 것은 그의 가슴에 진화론을 버리지 못하는 굳은 마음이 있기 때문일 것이다. 우연은 목적과 원인이 없음을 의미하는 것이기에 하나님의 전능하심과는 전혀 무관하다.

4. 대폭발 이론

저자는 자신의 전공인 천문학 분야에서 진화론적 우주론인 대폭발 이론을 진화의 증거로 설명한다. 예를 들어, 우주배경복사를 대폭발의 증거로 설명하는 것이다. 그러나 우주 공간에서의 전자기파에 관한 데이터를 빼고는 모두가 동일과정설적인 해석의 산물임을 알아야 한다.

> 우주배경복사는 대폭발 직후 우주의 나이가 약 38만 년 되었을 시점에 우주 공간에 균일하게 퍼져 나갔던 빛을 가리키며…. 우주배경복사를 관측한 결과에 의하면 우주의 나이는 138억 년이다. … 138억 년 동안 우주는 멋있게 변해 왔다. 중력은 균일했던 아기 우주를 성장시켜 거미줄처럼 엮인 거시 구조로 바꾸어 놓았고, 오색찬란

30 Expelled: No Intelligence Allowed, 2009.

한 은하들이 병합되고 자라는 과정에서 수많은 별들이 피고 졌다. 별은 내부의 핵융합 반응을 통해 탄소나 산소와 같은 새로운 원소를 만들었다가 죽음을 맞이하며 우주 공간에 다양한 원소들을 뿌렸다….(p. 242)

마치 사실처럼 말을 이어가지만 모두 동일과정설적인 해석에 지나지 않는다.

대폭발 이론은 패러다임에서 정설로 자리 잡았다.(p. 242)

그러나 대폭발 이론은 결코 움직일 수 없는 '법칙'이 아니며, 지금도 계속해서 수정되고 있고 앞으로도 그럴 것이다. 엄밀히 말하자면, 아직까지 대폭발 이론이 정설로 자리 잡은 적이 없다. 2004년 과학저널 〈뉴사이언티스트〉(*New Scientist*)에 서명한 천문학자 할튼 아프(Halton Arp, 미국, 1927-2013)를 비롯한 229명의 과학자들은 모두 이 이론에 강력히 반대했다.

저자가 "대폭발 이론이 정설로 자리 잡았다"고 말한 것은 스스로 패러다임에 전적으로 갇힘으로써 반대 주장들을 전혀 고려하지 않은 채 무시했음을 보여 준다.

행성계를 포함한 우주가 자전과 공전을 하는 등 아주 질서정연하게 움직이는데, 이런 질서가 폭발이나 핵 융합 같은 무질서를 증가시키는 과정을 통해 자리 잡았다는 주장은 그야말로 큰 믿음을 필요로 한다.

엄밀히 말해서 초월적인 완전한 지적 존재를 통하지 않고서는 우주

질서를 처음부터 설명할 수 없다. 현대 우주론은 시공 자체가 존재하지 않는 무(nothing)에서 유(something)로 우주가 생겨났다는 양자중력 이론에서 출발한다. 이러한 실현 불가능한 가설은 초월적인 존재를 배제한 채 자신의 작은 지식만으로 세상을 설명하려는 자세에서 나온 것이다.

저자를 포함한 진화론적 천문학자들은 우주배경복사가 대폭발의 증거라고 주장한다. 그러나 창조론자들도 관측된 우주배경복사를 성경적 창조의 증거로 내세울 수 있다.[31] 지금 알고 있는 태양계와 행성들의 완전한 궤도와 주기의 크기는 처음부터 전능하고 지적인 하나님에 의해 완전하게 설계되었다고 해석하는 편이 훨씬 타당하다. 더군다나 천문학계에서도 우주배경복사 및 다른 기존의 이론과 관측 결과에 관한 여러 가지 의문점이 제시되고 있다는 점도 염두에 두어야 한다.[32, 33, 34, 35, 36]

과학적 점검을 통해 아래와 같이 답할 수 있다.

과학적으로 검증된 사실인가? No

---

31 John G. Hartnett, "Is the Universe really expanding?" Cited as arXiv:1107.2485v2 (physics.gen-ph), 19 Nov, 2011.

32 Russell Humphreys, "New view of gravity explains cosmic microwave background radiation", *Journal of Creation* 28(3), 2014.

33 J. T. Nielsen, A. Guffanti & S. Sarkar, "Marginal evidence for cosmic acceleration from Type Ia supernovae," *Scientific Reports*, 6, 35596, 2016.

34 Peter A. Milne, Ryan J. Foley, Peter J. Brown, and Gautham Narayan, "The Changing Fractions of Type Ia Supernova NUV-Optical Subclasses with Redshift," *The Astrophysical Journal*, 803(1), 2015.

35 C. Moni Bidin, R. Smith, G. Carraro, R. A. Méndez, and M. Moyano, "On the local dark matter density," *Astronomy & Astrophysics* 573, A91, 2015.

36 M. Anders et al., "First Direct Measurement of the $^{2}H(\alpha,\gamma)^{6}Li$ Cross Section at Big Bang Energies and the Primordial Lithium Problem," *Physical Review.* Letters. 113, 042501, 2014.

1. 진화론이 곧 과학이다

우종학 교수가 가장 대표적으로 잘못 사용하고 있는 용어는 과학이다. 과학은 진화론보다 훨씬 포괄적인 용어다. 과학이란 어떤 지식체계가 될 수도 있고, 방법론적인 과정이 될 수도 있다. 그와 달리 진화론은 데이터에 관한 해석일 뿐이다.

저자는 '진화론=과학'이라는 전제하에 용어를 사용했다. 즉 '진화론'이란 용어가 쓰여야 할 곳에 일관되게 '과학'을 사용한 것이다. 서문에서 책의 목적을 다음과 같이 밝혔다.

> 크리스천이 과학에 대해 갖고 있는 오해를 풀고 과학을 거부하기보다는 수용해서 하나님의 창조를 이해하는 … 첫 번째 목적이다.(p. 11).

그러나 책 전체를 살펴보면, 저자가 사용한 '과학'이란 용어는 '진화론'을 의미할 뿐이다. 즉 그의 주장은 과학이 아닌 진화론을 수용하자는 것이다. 진화론 대신에 과학이란 용어를 사용하면 마치 그것이 객관적 사실의 지위를 확보한 것처럼 착각하게 된다. 과학이라고 하면 독자들의 머릿속에는 교과서에서 배웠던 중력의 법칙, 보일의 법칙, 유전 법칙과 같은 것들이 떠오르기 때문이다. 그러므로 저자가 책 전반에 걸쳐 사용한 과학이란 용어 대신에 진화론을 넣어 읽으면 저자가 전하려는 내용을 훨씬 쉽고 정확하게 이해할 수 있다.

몇 가지 예를 더 들어 보자.

> (지적 설계 운동가들은) 과학으로 설명할 수 없는 현상을 찾아내어 그것을 설계 논증에 사용한다.(p. 187)

실제로 지적 설계 운동가들은 생물을 관찰할 때 (과학이 아닌) 진화 과정으로 설명할 수 없기 때문에 설계를 주장한다. 여기서도 과학이란 용어가 잘못 사용되었다.

> 생물의 변화과정을 연구하는 진화 이론 자체는 무신론 혹은 유신론이 아니라 그저 과학이란 말이다. 무신론이나 유신론은 과학에 대한 해석이라고 할 수 있다.(p. 37)

이것만 보면, 저자는 진화론을 생물의 변화 과정을 연구하는 과학으로 말한다. 그런데 책 전체를 살펴보면 진화 과정을 인정하는 것을 과학이라 말하는 것을 확인할 수 있다. 저자가 의미하는 과학이 관찰, 실험 및 재현을 통해 검증할 수 있는 지식체계를 뜻하는 것이라면 적합하지 않은 사용이다. 어떤 사람도 과거에 그 자리에 있지 않았고, 진화하는 현장을 보지도 못했기 때문에 진화론은 하나의 해석에 불과하다. 과학이란 용어를 '역사과학'으로 대체하면 더 잘 어울릴 것이다.

그러나 저자는 실험과학과 역사과학에 관한 분별력은 갖추지 못한 듯하다. 저자는 나아가 무신론과 유신론을 해석이라고 말한다. 엄밀히 말해서, 무신론과 유신론은 신념체계의 문제이지 해석이 아니다. 이 부분에서도 용어를 잘못 사용하고 있다.

이처럼 알고 보면 저자가 진화론과 과학이란 용어를 그릇되게 사용하는 것을 어렵지 않게 발견할 수 있다. "과학에 대하여 고찰하다", "성경과 과학, 함께 생각하다", "과학과 기독교, 적일까 남일까", "과학의 창으로 창조를 보다"와 같은 소제목에서 과학이란 용어를 사용하지만, 내용을 읽어 보면 하나같이 진화론이란 용어를 과학으로 대체하여 잘못 사용했음을 알 수 있다. 따라서 소제목에서 과학을 모두 진화론으로 바꾸어 읽으면, 훨씬 바르게 이해할 수 있을 것이다. 또한 용어가 오용되었다는 점만 파악해도 이 책이 지닌 전반적인 문제점을 쉽게 간파할 수 있다.

2. 창조과학자에 대한 비판

저자는 과학적 증거들을 통해 성경이 역사적 사실임을 주장하는 창조과학 사역을 비판한다. 극단적인 유신론적 진화론을 주장하는 저자는 창조과학자들을 비판하는 데 한 단원을 할애했을 뿐 아니라 곳곳에서 비판을 이어 갔다.

비판의 목적은 분명하다. 창조과학자들을 비판함으로써 성경을 그대로 믿는 자세를 비판하려는 것이 그의 의도다. 그런 면에서 저자의 비판 내용을 제대로 파악하는 것도 의미가 있으리라 본다.

창조과학자들이 과학을 비판한다는 주장

앞서 지적했듯이 저자는 '진화론=과학'이라는 그릇된 용어 사용으로 창조과학자들을 비판한다.

> 창조과학자들이 주로 취하는 방법은 과학이 틀렸음을 보이는 것이다.(p.140)

여기서 '진화론' 대신 '과학'을 사용함으로써 독자들에게 창조과학자들에 관한 잘못된 편견을 심어 준다.

창조과학자들은 '과학'이 틀렸음을 보여 주는 것이 아니라 과학적 증거와 방법들을 통해 얻어진 결과들이 '진화론'과 조화를 이루지 않음을 밝히고 있다. 쉽게 말하면 지금까지 살아 있는 것이나 화석에서 전이 형태가 발견되지 않았고, 생물을 교배할 수 있는 범위, 즉 종, 속, 과, 목 등 씨를 보존할 수 있는 한계인 '종류'별로 묶을 수 있으며(창 1:11, 창 9:3), 돌연변이나 자연선택이 존재함에도 불구하고 과학자들은 종류가 바뀌는 현상을 관찰하거나 실험에 성공한 예가 없다는 것이다. 그 결과, 진화론이 과학적 관찰과 실험을 통해 얻어진 것이 아님을 밝히고 있다.

창조과학자들은 성경에서 하나님이 생물을 창조하실 때 '종류대로'라는 방식을 사용하신 것이 증거와 잘 맞아떨어짐을 보여 준다. 또한 대륙을 횡단하는 두꺼운 지층과 그 안에 매몰된 화석들을 보며 성경에 기록된 홍수 심판의 증거를 보여 주기도 한다. 즉 창조과학자들은 과학이 아닌 진화론이 틀렸음을 보여 준다.

저자는 부정확한 개념을 사용하여 창조과학자들을 매도하는 글을 서슴없이 써 내려 간다.

> (창조과학자들은) 대부분의 과학이 타락했다고 정죄한다.(p. 138)

여기서도 저자는 진화론과 과학을 뒤바꿔서 사용하여 독자들의 오해를 불러일으킨다. 창조과학자들이 지적하는 것은 과학이 아닌 진화론의 오류이기 때문이다. 저자의 그릇된 용어 사용에 관해서는 앞에서 이미 다루었다.

국제 학술지에 창조과학 연구 논문이 실리지 않는다는 주장

> 창조과학은 과학이라 할 수 없네. 과학계에서 인정할 수 있는 새로운 과학 방법론을 창조과학자들이 제시한 것도 아니고….(p.139)

이와 같은 저자의 주장은 틀리다. 중고등학교 과학 교과서에서 쉽게 발견할 수 있는 과학자들은 대부분 성경을 기록된 그대로 믿던 사람들이다. 오히려 이들은 진화론이 등장했을 때 그 이론을 반박했다. 예를 들어, 생물학에서 미생물학의 아버지 파스퇴르(Louis Pasteur, 프랑스, 1822-95), 곤충학의 아버지 파브르(Henri Fabre, 프랑스, 1823-1915), 물리학에서 유도전류를 발견한 패러데이(Michael Faraday, 영국, 1791-1867), 전자기학의 아버지 맥스웰(James Maxwell, 스코틀랜드, 1831-79), 전신을 발견한 모스(Samuel Morse, 미국, 1791-1872), 절대온도를 발견한 켈빈(William Kelvin, 영국, 1824-1907), 일에 대한 개념을 정립한 주울(James Joule, 영국, 1818-1889), 마취를 상용화한 심슨(James Simpson, 영국, 1811-70), 의학계의 가장 위대한 발견인 화학살균 소독을 시작한 리스터(Joseph Lister, 영국, 1827-1912) 등은 당시에 진화론을 강하게 반박했다. 이들은 성경을 신뢰한 과학자, 의사, 발명가다.

또한 진화론 등장 이전에 살았던 과학자로서 지동설을 주장한 코페르니쿠스(Nicholas Copernicus, 폴란드, 1473-1543), 자유낙하법칙의 갈릴레이(Galileo Galilei, 이탈리아, 1564-1642), 행성의 타원궤도 운동법칙의 케플러(Johann Kepler, 독일,

1571-1630), 만유인력의 뉴턴(Isaac Newton, 영국, 1642-1727), 현대화학의 아버지 보일(Robert Boyle, 아일랜드, 1627-91), 식물 분류학의 아버지 린네(Carolus Linnaeus, 스웨덴, 1707-78) 등 주옥 같은 과학자들도 성경에 대한 분명한 고백을 남겨 놓았다. 이들은 다른 사람이 따라올 수 없는 과학계의 거목들로서, '창조과학'이라는 단어가 등장하기 이전이지만 창조과학자라고 명명하는 자세를 갖추고 있던 사람들이다. 그런데 과연 그는 무슨 근거로 성경을 그대로 믿는 과학자들이 새로운 과학적 방법을 제시한 적이 없다고 말할 수 있는가?

저자는 또한 창조과학자들의 글을 국제학술지에 실리지도 못하는 빈약한 주장으로 치부한다(p. 151). 그러나 이것은 잘못된 비판이다. 창조과학자 중 미국 창조과학연구소(ICR, Institute for Creation Research) 교수였던 바움가드너(John Baumgardner)는 지질학계에서 판구조론 컴퓨터 시뮬레이션 분야의 선두주자이며, 그의 연구 결과는 〈네이처〉나 〈사이언스〉에 수록되었다.[37, 38] 또한 동 연구소의 교수인 다마디언(Raymond Damadian)은 MRI 발명가로서 노벨상 후보에까지 오르기도 했다.[39] 유럽에서 창조과학계의 리더였던 와일더 스미스(Wilder Smith, 영국, 1915-95) 박사는 자신의 전공인 유기화학 분야를 포함해서 박사 학위가 세 개가 되는 당대 대표 석학 중 한 명이었다.[40]

7대 한국창조과학회 회장인 한윤봉 교수(전북대학교 화학공학부)는 노벨화

---

37 John R. Baumgardner, "Time scales and heterogeneity structure in geodynamic earth models," *Science*, 280, 1998, p. 91-95.

38 John R. Baumgardner, "The effect of depth-dependent viscosity on the planform of mantle convection," *Nature*, 379, 1996, p. 436-438.

39 Jeff Kinley with Raymond Damadian, *Gifted Mind*, Master Books, 2016, p. 133-162.

40 http://crev.info/?scientists=a-e-wilder-smith

학상을 수상한 마르커스 박사를 기념하여 제정된 화학 분야 최고의 연구자에게 주어지는 루돌프 마르커스 상(Rudolf A. Marcus Award)을 2016년에 수상하였으며, 세계 100대 과학자에 네 번(2005, 2011, 2014, 2015) 선정되기도 하였다. 또한 초대 회장이었던 김영길 박사(한동대학교 전총장)는 1976, 1981 NASA 발명상을 받았으며, 대한민국 국적 과학자로는 최초로 미국과 캐나다의 저명 과학자 인명사전《미국의 과학자들》95년 판에 이름이 수록되기도 하였다.

여기에 소개한 과학자들뿐 아니라 각 전문 분야에서 성경을 그대로 믿으며 자신의 연구 분야에서 두각을 나타내는 과학자들이 많이 있다. 그럼에도 불구하고 창조과학자들이 주로 취하는 방법이 과학이 틀렸음을 보이는 것이라든지, 과학계에서 인정할 수 있는 새로운 과학 방법론을 제시하지 않는다는 식의 저자의 비판은 옳지 않다.

또한 이런 식의 비판은 과학계의 현실을 고려하지 않은 것이다. 학술지의 수록 여부를 결정하는 가장 큰 부분은 당시에 우선하는 패러다임에 의해 결정된다. 역사과학에서는 더욱 그렇다.

실제로 19세기 말부터 수십 년간 학술지에 실리지 않은 것은 창조과학자들의 글만이 아니었다. 지질학적 증거들이 짧은 기간의 격변에 의해 형성되었다고 주장하는 사람들의 논문은 타당성 여부를 떠나 누구를 막론하고 지질학계에서 받아들여지지 않았다. 당시 대부분 지질학자들이 오늘날과 동일한 속도와 강도로 오랜 시간에 걸쳐 지층과 지형이 형성되었다는 동일과정설의 패러다임에 갇혀 있었기 때문이다.

동일과정설의 패러다임과 상반되는, 과거에 지구가 격변을 겪었다는 해석의 논문들이 1970년대에 조금씩 등장하다가 최근 들어서야 학계에 받아들여졌다. 실험에 의해 얻어진 결과를 토대로 쓴 최근 논문의 대부분은 격변적 해석을 담은 것들이다. 지질학계의 패러다임이 기존 동일과정설에서 격변설로 바뀌었기 때문이다. 이처럼 학술지의 수록 여부는 설득력보다는 패러다임에 의해 크게 좌우된다.

저자는 설득력이 패러다임보다 우선한다는 점을 옹호하기 위해, 지동설과 천동설을 예로 들었다. 코페르니쿠스가 지동설을 발표한 후, 케플러가 행성의 타원궤도 운동법칙을 통해 지동설을 수학적으로 증명하기 전까지 갈릴레이가 지동설의 증거를 제시했지만, 설득력이 떨어졌기 때문에 천동설을 지동설로 전환시키는 데 실패했다고 말한다(p. 53). 즉 패러다임보다 설득력이 약해서 받아들여지지 않았다고 주장한 것이다. 그러나 그것은 쉽게 선후를 내세울 수 있는 문제가 아니다. 만약 당시에 천문학자들이 지동설을 믿고 있었다면, 갈릴레이가 제시했던 증거들이 훌륭한 것으로 받아들여졌을 것이기 때문이다.

과학계에는 이런 예들이 수없이 많다. 앞서 진화론을 반박한 과학자로 소개되었던 미생물학의 아버지 파스퇴르가 탄저균 백신을 개발했을 때, 당시 과학자들은 백신이 제 역할을 못하리라고 여겼다. 덩치 큰 동물이 현미경에서나 보일까 말까 하는 미생물에 의해 설마 죽겠느냐고 생각했기 때문이다. 파스퇴르는 미생물이 얼마나 중요한 역할을 하는지 실험을 통해서 결과를 보여 주었고, 그 중요성을 여러 번 강조하기도 했다. 그때 우선한 것은 설득력이었을까, 아니면 당시 과학자들이 갖고 있던 편견(패러다임)이었을까?

의학계에서 가장 큰 발견은 리스터의 화학 살균일 것이다. 그가 화학 살균을 통해 수술 후 감염을 차단하는 데 성공했음에도 불구하고, 당시 대부분의 의사들은 수 년 동안 그의 방법에 동의하지 않았다. 많은 생물학자와 의사가 세균은 몸에서 자연 발생한다는 진화론적 해석을 믿었기 때문이다. 문제는 설득력이었을까, 패러다임이었을까?

우종학 교수가 자기 논문에서 '신' 또는 '성경'을 언급했다고 치자. 그 논문이 과연 학계에서 받아들여질까? 천문학자인 저자가 진화론적 우주론을 설명하면서, 논문 말미에 "이 일은 사실 하나님이 맨 처음 시작하셨다"라고 쓴다면 어떤 과학 학술지가 이 논문을 받아들일까? 저자 자신이 믿는 유신론적 진화론조차도 과학 학술지에는 결코 실릴 수 없을 것이다.

저자는 객관적 관점을 갖추지 않고 창조과학자들의 글이나 책을 읽었거나, 아니면 비과학자들을 위해 쓴 글만을 접했던 것이 아닌가 하는 의문이 든다. 편견을 버리고 창조과학자들의 기술적 논문들을 꼭 읽어 보기를 저자에게 권한다. 1차 문헌을 다룬 논문들을 발견할 수 있을 것이며, 비록 진화론적 패러다임 때문에 진화론자들만큼 유명한 학술지에 실리지는 않았어도 창조과학자들이 자기 전공 분야에 깊은 이해를 가지고 있음을 인정하게 될 것이다.

필자가 미국 창조과학연구소(ICR, Institute for Creation Research)에 있을 때, 그곳 도서관에는 국제적인 학술지를 포함해서 각 분야의 새로운 학술지들이 늘 진열되어 있었다. 그리고 성실하게 논문들을 읽던 교수님들을 기억한다. 자신의 주장을 피력하기 위해 보지도 않은 것들을 가볍게 추측하며 함부로 판단하는 태도는 삼가야 할 것이다.

또한 필자가 인도하는 창조과학탐사 프로그램에 지질학 전공자들을 포함해서 여러 과학자들이 참석해 왔다. 그들 대부분이 창조과학을 접한 적이 없는 이들이었다. 그러나 그들 모두 프로그램이 진행되는 동안에 성경이 사실임을 인정했다. 당시 참석했던 이들은 과거 사실이 기록된 성경을 통해 현재 지질학적 증거들을 보았다. 즉 역사과학에 있어서 증인을 채택해서 본 셈이다. 그리고 그 증거들이 현장을 기록한 책과 일치하는 것을 인정한 것이다.

홍수지질학이 창조과학의 유일한 분야라는 주장

> 창조과학이 담고 있는 과학이라고 할 만한 내용은 20세기 초부터 창조론 운동에 근간이 되어온 홍수지질학(Flood geology)이 유일하다고 할 수 있다.(p. 139)

저자는 창조과학 분야가 홍수지질학에만 국한된 것으로 오해하고 있다. 홍수지질학이 창조과학의 유일한 분야는 아니다. 잠시 시간을 내어 미국의 창조과학 관련 홈페이지에 들어가 보기를 바란다. 지질학뿐 아니라 천문학, 생물학, 고고학, 신학 등 다양한 분야의 글을 발견할 것이다.

> 창조과학은… 성경의 내용들이 과학으로 증명될 수 있다는 입장을 갖고 있다.(p. 33)

창조과학자들은 성경의 기록이 과학으로 증명(proof)된다고 생각하지 않는다. 지구, 별, 생물, 사람과 같은 연구 대상(데이터)은 실험실에서 만들어질 수 있는 것들이 아니기 때문이다. 창조과학자는 연구 대상들이 하나님이 성경대로 행하신 증거들(evidences)이라고 말한다. 창조과학자는 단지 중력의 법칙이나 유전 법칙과 같이 이미 입증된 과학 법칙과 관찰을 통해 성경의 증거들을 확인하고 있을 뿐이다.

저자는 미국 창조과학연구소의 창립자 헨리 모리스(Henry Morris, 미국, 1918~2006) 박사를 예로 들며 그의 "성경을 과학 교과서로 봐야 한다"는 주장을 비판한다(p. 110). 그러나 단순히 한 구절만 가지고 비판할 내용이 아니다. 그의 책 전반을 읽어 봐야 모리스 박사가 말한 의미를 제대로 알 수 있다. 모리스 박사가 과학 교과서라고 말한 것은 성경이 천체의 위치와 궤도를 설명한다든지, 지구의 화학적 구성 물질을 언급한다는 의미가 아니다.

과거 역사(역사과학)는 거기 계셨던 증인인 창조자를 통해 가장 쉽게 알 수 있으며, 과학자들이 갖고 있는 데이터들이 창조주가 계시하신 성경과 일치함을 말하고 있는 것이다. 저자는 열왕기상 7장에 등장한 솔로몬 성전의 물통 규격을 예로 들며 모리스 박사가 성경을 사실로 전하는 태도를 비판했다(p. 112). 그러나 모리스 박사는 이미 자신의 저서에서 물통 규격에 관한 성경 기록이 얼마나 정확한지를 두께에 관한 기록을 통해 설명하였다.

창조과학이 안식교에서 출발했다는 주장

창조론자들의 문자적 성경 해석은 사실 안식일, 그러니까 토요일을

중요시했던 제칠일안식교의 극단적인 문자적 성경 해석의 전통에서 출발했다.(p. 147)

저자는 창조과학이 제칠일안식교의 극단적인 문자주의 성경 해석 전통에서 출발했다고 주장하며 비판한다. 그 이유로 창조과학자들이 홍수지질학을 언급한 안식교인 프라이스(George M. Price, 캐나다, 1870~1963)를 따르고 있음을 지적했다. 저자가 말한 것처럼 프라이스는 실제로 안식교인이다. 그는 과학과 성경을 통해 당대 홍수지질학에 관해 탁월하게 설명했던 사람이다.

그러나 창조과학자들은 그의 지질학적 해석만을 공유했을 뿐 성경 교리까지 동의한 것은 아니라는 점을 분명히 밝힌다. 모리스 박사도 그의 홍수지질학적 업적에 대해서는 칭찬을 아끼지 않았으나 "나는 침례교인으로서 그의 종말론과 구원론에 대해서는 분명히 반대한다"고 선을 그었다.[41] 대표적인 창조과학 단체인 ICR(Institute for Creation Research), AIG(Answers In Genesis), CMI(Creation Ministry International), 한국창조과학회 등의 회원들은 모두 거듭난 크리스천들로 그중에 안식교인은 없다. 그러니 프라이스의 과학적 해석과 겹치는 부분이 있다고 해서 창조과학이 안식교에 뿌리를 두고 있다고 주장하는 것은 언어도단이다.

게다가 저자는 창조과학자들이 '6일 창조'를 문자 그대로 믿는다는 이유로 이단인 안식교에 뿌리를 두고 있다고 비판한다. 그러나 성경의 기록을 그대로 믿는 자세를 이단과 연결시키는 것이 과연 옳은가, 아니면 하나님이 세상을 6일 동안 창조하셨다는 말씀을 믿지 않는 자

---

41 Henry Morris, *A History Of Modern Creationism*, Master Books, 1984, p. 80.

들을 이단으로 보는 것이 옳은가? 종교개혁을 이끌었던 마르틴 루터(Martin Luther, 독일, 1483~1546)는 "6000년 전에는 세상이 없었다"라고까지 말했는데, 6일간의 창조를 믿었던 그도 극단적인 문자주의적 해석자란 말인가?

여기서 분명히 해둘 것이 있다. 모든 성경은 하나님의 감동(inspired)으로 쓰였다(딤후 3:16). 창세기도 예외일 수 없다. 더군다나 6일 동안 창조하셨다는 기록은 하나님이 돌판에 친히 새기신(inscribed) 기록이다.

> 17 이는 나와 이스라엘 자손 사이에 영원한 표징이며 나 여호와가 엿새 동안에 천지를 창조하고 일곱째 날에 일을 마치고 쉬었음이니라 하라 18 여호와께서 시내 산 위에서 모세에게 이르시기를 마치신 때에 증거판 둘을 모세에게 주시니 이는 돌판이요 하나님이 친히 쓰신 것이더라(출 31:17~18)

영어 성경은 "inscribed by the finger of God"(NIV)으로 번역했다. 즉 하나님이 자기 손가락으로 말씀을 직접 새기신 것이다. 손가락으로 직접 새기며 말씀하신 6일 간의 창조가 감동보다 훨씬 중요하다고 생각되지 않는가? 그런데 성경에 기록된 그대로 6일 동안의 창조가 사실이라고 믿는 것이 안식교에 근거했다고 비판받아야 할 일인지 묻고 싶다.

실제로 세상이 6일 동안 창조되지 않았다면, 6일간 창조했다고 직접 말씀하신 하나님은 누구이며(출 20:11), 안식일을 범하는 자를 죽이라고 명령하신 하나님은 어떤 분인가(출 35:2)? 성경에 기록된 6일이 평범한 엿새가 아니라 수십억 년의 긴 기간이라면 안식일은 아직 돌아오지 않았다는 것인가, 아니면 아직 끝나지 않은 것인가? 그것도 아니면 실제로 본인이 안식하지도 않았는데 했다고 거짓말하셨다는 것인가? 그렇다면 자신을 가리켜 안식일의 주인(마 12:8)이라고 하신 예수님의 말씀은 무슨 의미인가? 안식 후 첫날 부활하신 예수님(눅 24:1)을 기념하기 위해 매 주일마다 예배를 드리는 우리는 무슨 짓을 하고 있는 것인가?

창세기 1장의 하루를 하루로 믿지 않는다면, 하나님이 안식일을 범한 자들에게 내리신 조치와 예수님이 성취하신 안식일의 주인은 어디로 간단 말인가? 이단들은 우리가 6일 동안 창조하셨다는 말씀을 믿기 때문에 비웃는 것은 아닐 것이다. 오히려 성경 기록을 믿지 않기 때문에 비웃는 것일 것이다.

역사적으로 볼 때, 창조론 사역은 안식교인의 전유물이 아니었다. 기독교 안에서 여러 사람들에게 의해 꾸준히 진행되어 왔다. 과학과 신학을 공부했던 루터교 목사 넬슨(Byron C. Nelson)의 《돌 속의 홍수 이야기》(*Deluge Story in Stone*, 1931)는 창조론적 지질학의 뛰어난 책으로 꼽힌다. 《그 종류대로》*After Its Kind*, 1932)와 《아브라함 이전》*Before Abraham*, 1948)도 그의 역작이다. 그 밖에 《진화에 관한 에세이》*Essay on Evolution*, 1925)와 《하나님과 우주》*God and the Cosmos*, 1943)를 쓴 그래브너(Theodore Graebner), 《대홍수》*The Flood*, 1951)를 쓴 리윈클(Alfred Rehwinkel), 《크리스천을 위한 매일 과학》*Everyday Science for the Christian*, 1947)과 《창조-사실, 이론, 그리고 믿음》*Creation- Facts, Theories, and Faith*, 1953)을 쓴 핸드리치(Theodore Handrich) 등 여기서는 지면상 모두 소개하지 못하지만, 얼마나 많은 크리스천이 있었는지 모른다. 이런 수많은 사람이 진화론의 세파 속에서 창조과학의 입장에서 글을 썼다.

그럼에도 불구하고 자세한 역사적 연구 없이 한 사람의 이름을 거론하며 성경에 기록된 6일 동안의 창조를 믿는다고 해서 창조과학을 안식교에 뿌리를 둔 것으로 오해하는 것은 매우 안이하며 무책임한 주장이다.

창세기가 사실을 적은 책이 아니라는 주장

타협이론을 주장하는 사람들은 창세기에서 자기 지식으로 이해되지 않는 부분에 대하여는 그대로 받아들일 필요가 없다고 말한다. 소위 성경의 난제가 그것이다. 우종학 교수 역시 난제를 거론하며 창세기를 사실로 받아들일 수 없다고 주장한다.

저자가 의문을 던진 질문들은 창조과학 사역을 하는 내내 받아 왔던 질문들이며, 여러 사람들이 비슷한 궁금증을 가지고 있을 것이므로 여기서 다루는 것이 의미 있다고 생각한다.

1. 창세기 1장이 순서대로 쓰이지 않았다는 주장

저자는 창세기 1장의 창조 기사가 순서적으로 쓰이지 않았다고 주장한다. 창세기를 유신론적 진화론, 구조 가설, 고대 근동 지방 설화로 받아들여야 한다고 말한다. 그러면서 창세기 1장을 그대로 받아들이는 사람들을 비판한다.

예를 들어, 다음과 같이 말하는 것이다.

> 창세기 1장의 창조 기사를 극단적으로 문자적 의미로 해석하면 여러 어려움이 있다. 가령 하루 24시간을 어떻게 정의하겠나? 그것은 지구가 태양을 바라보면서 한 바퀴 자전하는 데 걸리는 시간이다. 태양이 있어서 밤이 되고 낮이 되는 것이다. 그러나 창세기 1장을 읽어 보면 태양은 넷째 날 창조된 것으로 기록되어 있다. 즉 태양이 만들어지기 전에 낮과 밤이 있었고 하루가 정의되었다는 말인데 이해하기 어렵다.(p 144)

성경을 사실 그대로 기록한 책으로 생각하면 그리 어렵지 않게 답이 나온다. 하나님이 창세기 1장 1절에서 "태초"라는 시간을 창조하셨을 뿐만 아니라 시간의 주기(cycle)도 창조하셨다.

첫 번째 등장하는 주기가 하루(日, day)다. 그런데 하루는 실제로 태양이 아니라 지구를 중심으로 이루어지는 주기다. 태양을 바라볼 필요도 없이 지구가 한 바퀴 돌면 하루가 되는 것이다. 이미 빛이 있으라(창1:3)고 하셨기 때문에 지구의 회전은 밤과 낮을 반복하는 주기를 만들었던 것이다. 지동설이 등장하기 오래전부터 성경에서 이미 지구의 자전 주기를 언급한 셈이다. 그런 면에서 이 사실을 알고 있던 분의 계시임을 보여 준다.

그리고 두 번째 등장하는 주기는, 넷째 날에 태양이 창조되면서 언급된 해(年, year)다(창 1:14). 모든 물질은 질량이 무거운 것을 중심으로 돌게 마련이다. 태양도 행성들의 질량의 비만큼 공전하는데, 태양이 너무 무겁기 때문에 공전하지 않는 것처럼 보인다. 즉 모든 물질은 질량이 있기 때문에 두 물체가 공전할 때 어떤 물체도 전혀 움직이지 않는 완전한 중심이 될 수 없다는 뜻이다.

만약 질량이 같은 두 별들이 공전 관계를 갖는다면, 별이 각각 공전하되 공전의 중심이 두 별 사이 중앙에 놓일 것이다. 다시 말해서, 지구가 첫째 날, 둘째 날, 셋째 날까지 세 번 자전하고 네 번째 자전할 때, 훨씬 무거운 태양이 창조되었으므로 자전만 하던 지구가 태양을 중심으로 공전을 시작하게 되었다.

성경은 태양이 만들어진 때를 정확히 '해'로 언급한다. 만약 성경에서 태양이 창조된 다음에 하루를 언급했다면 더 논란거리가 되지 않았을까? 그러나 성경은 지구만으로 하루를, 태양이 창조되었을 때 연한을 언급하는 정확한 순서를 보여 준다.[42]

과연 대폭발 이론을 믿는 자들은 정확하게 돌아오는 하루와 한 해가 어떻게 시작되었다고 말하는가? 느려도 안 되고 빨라도 안 되는 완벽한 하루가 어떻게 정착되었는지, 그리고 정확한 주기가 어떻게 이루어졌는지를 설명해 보라.

저자가 선호하듯이 우연과 확률을 통해 이루어졌을까? 하나님이 시간과 자연법칙에 제한받으면서 이루셨을까? 아니면 모든 것을 초월한 분의 전능하심과 계획하심을 통해 이루어졌을까?

성경은 모든 시작을 막연하게 말하지 않는다. 하나님은 막연한 분이 아니시기 때문이다. 모든 자연법칙을 초월하신 전능한 분이 처음부터 분명히 창조하셨다. 하루와 한 해도 마찬가지다.

이 같은 난제들에 관하여 그동안 많은 신앙인들이 고민해 왔으며, 그에 타당한 답변을 얻어 왔다. 그리고 그때마다 오히려 성경의 정확

---

42 이재만, 《창조주 하나님》, 두란노, 2014.

성에 더욱 놀라곤 했다. 하나님이 그 자리에 계셨던 증인이며 결코 거짓말하지 않으시는 분이라는 믿음을 통해 바라본다면 그만한 지혜를 주시는 것이다.

2. 창세기 1장과 2장이 다르다는 주장

우 교수는 창세기가 역사적 사실을 담은 기록이 아니라는 근거로 창세기 1장과 2장의 내용이 서로 모순된다고 지적한다(p. 144). 이 질문은 다른 타협이론을 주장하는 자들이나 성경 비평가들도 제시해 왔던 바다.

동물이 먼저인가, 사람이 먼저인가

창세기 1장은 동물이 다섯째 날과 여섯째 날에 창조되었고, 사람은 그것들이 모두 창조된 후에 지어졌다고 말한다. 반면에, 창세기 2장은 "여호와 하나님이 땅의 흙으로 사람을 지으시고 생기를 그 코에 불어넣으시니 사람이 생령이 되니라 여호와 하나님이 동방의 에덴에 동산을 창설하시고 그 지으신 사람을 거기 두시니라"(7, 8절)라고 한 다음에, "여호와 하나님이 흙으로 각종 들짐승과 공중의 각종 새를 지으시고 아담이 무엇이라고 부르나 보시려고 그것들을 그에게로 이끌어 가시니 아담이 각 생물을 부르는 것이 곧 그 이름이 되었더라"(19절)고 기록하고 있다. 2장에서는 1장과 달리 인간을 동물보다 앞서 지으신 것처럼 보인다. 그러나 2장의 구절은 단순히 인간 창조에 이어 동물 창조를 언급했을 뿐, 창조된 순서를 나타낸 것이 아니다.

이를 이해하기 위해서는 먼저 히브리어 동사에 관해 알 필요가 있다. 히브리어는 동사, 특별히 행위를 묘사하는 동사는 한글이나 영어처럼 과거, 현재, 미래 시제가 없고, 행위가 끝났느냐 아니냐 하는 완결성에만 초점이 맞추어져 있다.

그러므로 행위의 순서는 단어 자체보다 문맥에 의해 결정된다. 따라서 첫째 날, 둘째 날, 셋째 날과 같이 명확한 순서가 명시된 창세기 1장에서 '순서'에 대한 답을 찾는 것이 바른 해석이다. 이런 이유로 진화론의 영향을 받지 않았던 유대 학자들은 여기서 전혀 문제점을 느끼지 못한다. 전체 맥락에서 볼 때, 창세기 1장에서 순서가 쉽게 결정되기 때문이다.

히브리어 동사가 가진 특징 때문에 유대 학자들은 창세기 2장 19절의 동사를 '지으시고'(formed)가 아닌 완결성에 초점을 맞춘 '지으셨던'(had formed)으로 이해한다. 영어성경 NIV가 과거완료형 'had formed'로 번역한 이유가 여기에 있다.

창세기 1장을 참고하여, 2장 19절은 "여호와 하나님이 흙으로 '지으셨던' 각종 들짐승과 공중의 각종 새를 아담이 무엇이라고 부르나 보시려고"로 번역하는 것이 더 낫다고 할 수 있다. 창세기 1장의 순서로 보아 동물과 새가 아담보다 먼저 창조되었음이 분명하며, 이것은 창세기 2장의 내용과도 조화를 이룬다.

아담과 하와 중 누가 먼저인가

창세기 1장은 여섯째 날에 하나님이 "사람을 창조하시되 남자와 여자를 창조"하셨다고 말한다(창 1:27). 남녀가 마치 동시에 창조된 것처럼 기록한 것이다. 그런데 창세기 2장에서는 하나님이 아담을 창조하고 나서 에덴동산을 창설하고, 생명나무와 선악과를 둔 다음 아담에게 동물들의 이름을 짓게 하신 후에야 하와를 창조하신 것으로 기록되어 있다.

이들이 서로 모순되지 않느냐는 질문이 있다. 창세기 2장의 모든 기록은 여섯째 날 단 하루 만에 일어난 일들을 집중적으로 서술한 것이다. 그리고 아담과 하와는 동시에 창조된 것이 아니라, 시간 간격을 두고 다른 방법으로 따로따로, 그러나 하루에 창조되었음을 보여준다.

이 질문에 관해 하나의 중요한 신학적 이해가 필요하다. 바로 히브리어 단어 톨레돗(toledoth)에 관한 이해다. 창세기 2장 4절은 "이것이 천지가 창조될 때에 하늘과 땅의 내력(generation)이니"로 시작되는데 여기서 '내력'이 바로 톨레돗이다.

이 단어는 창세기에 열 번 등장한다.

> 이것이 천지가 창조될 때에 하늘과 땅의 내력이니(창 2:4)
>
> 이것은 아담의 계보를 적은 책이니라(창 5:1)
>
> 이것이 노아의 족보니라(창 6:9)
>
> 셈의 족보는 이러하니라(창 11:10)
>
> 데라의 족보는 이러하니라(창 11:27)
>
> 이스마엘의 족보는 이러하고(창 25:12)
>
> 이삭의 족보는 이러하니라(창 25:19)
>
> 에서 곧 에돔의 족보는 이러하니라(창 36:1)
>
> 세일 산에 있는 에돔 족속의 조상 에서의 족보는 이러하고(창 36:9)

야곱의 족보는 이러하니라(창 37:2)

개역개정 성경은 톨레돗을 문맥에 맞게 '내력, 계보, 족보' 등으로 번역했다. 톨레돗은 기원 또는 기원에 관한 기록을 의미한다. 즉 앞의 사건들에 관한 기록을 확인하는 차원에서 사용된 단어다. 이 어구는 창세기 각 단락의 끝에 주로 아담, 노아, 노아의 아들들, 셈 등의 족보를 확인하는 데 사용되었다.

왜 톨레돗이 등장하는지에 관해서는 여러 해석이 있으나, 창세기 기자인 모세가 기존에 내려오던 기록들을 성령의 감동으로 모아서 저술할 때 출처를 밝히는 방법으로 사용하지 않았을까 생각된다. 이는 창세기가 목격한 사실을 기록한 것임을 보여 준다.

그런데도 진화론적 사고를 갖고 문서가설(JEDP 가설)로 창세기를 해석하는 자유주의 신학자들이 있다는 사실이 안타깝다. 실제로 오늘날 많은 신학생이 이 같은 해석을 배우고 있다.

창세기 2장 4절의 '내력'(톨레돗)은 창세기 1장이 모든 피조물의 기원에 관해 개관한 서술이라는 확인인 반면, 창세기 5장 1절의 '계보'(톨레돗)는 하나님의 형상인 첫 조상, 아담과 하와의 창조에 관한 자세한 서술이었음을 나타낸다. 이처럼 창세기 1장과 2장은 창조 사건에 관해 모순되게 기록한 것이 아니다. 1장은 모든 창조에 관한 '큰 그림'이며, 2장은 아담과 하와의 창조와 여섯째 날에 대한 좀 더 자세한 설명이다.

거기 계셨던 예수님이 하신 말씀에서도 이에 대한 답을 찾을 수 있다.

> 4 예수께서 대답하여 이르시되 사람을 지으신 이가 본래 그들을 남
> 자와 여자로 지으시고 5 말씀하시기를 그러므로 사람이 그 부모를
> 떠나서 아내에게 합하여 그 둘이 한 몸이 될지니라 하신 것을 읽지
> 못하였느냐(마 19:4~5)

예수님은 창세기 1장 27절과 2장 24절을 한데 묶어 인용하셨다. 즉 창세기 1장과 2장을 서로 분리되거나 모순된 기록으로 보지 않으셨다는 증거다.

그러므로 창세기 2장이 창세기 1장과 다른 창조를 설명하고 있다고 보는 것은 잘못이다. 창세기 2장은 창조에 대한 '다른'(different) 설명이 아니기 때문이다. 창세기 2장에는 하늘, 땅, 궁창, 바다, 육지, 태양, 별, 달, 바다생물 등 창조에 관한 언급이 전혀 없다. 대신 하나님의 형상인 아담과 하와의 창조와 그에 직접 관련된 것들에 초점이 맞춰져 있다. 즉 하나님이 자기 형상대로 지으신 첫 사람이 살 에덴동산의 모습을 묘사하고, 생명나무와 선악과, 첫 사람 아담이 피조물들의 이름을 어떻게 짓는가를 확인하고 나서 모든 산 자의 어미인 하와를 창조하시어 태초의 가정을 이루게 하신 원리를 설명한 것이다.

다시 말해서 창세기 1장이 하나님의 관점에서 창조 전체에 관해 순서에 따라 개괄적으로 기록하였다면, 창세기 2장은 하나님의 형상에 무게를 두어 중요한 면들을 자세히 다루었다고 할 수 있다. 그만큼 하나님의 형상인 인간이 중요하다는 뜻이다. 또한 다른 피조물과 구별하여 아주 독특한 과정을 통해 인간을 창조하셨음을 말하고 싶으신 것이다.

식물과 초목은 언제 창조되었는가

창세기 1장은 셋째 날 식물이, 여섯째 날 사람이 창조되었다고 기록한 반면에, 창세기 2장은 "여호와 하나님이 땅에 비를 내리지 아니하셨고 땅을 갈 사람도 없었으므로 들에는 초목이 아직 없었고 밭에는 채소가 나지 아니하였으며"(창 2:5)라고 기록했다. 즉 2장에는 사람이 존재했을 때는 식물이 아직 존재하지 않았던 것처럼 묘사된 것이다.

그러나 "들에는"(밭에는)은 히브리어로 '소데'(sodeh)인데, 이는 경작된 땅을 의미한다. 같은 문장의 "땅을 갈 사람도 없었으므로"라는 표현이 이를 뒷받침해 준다. 실제로 아담이 창조되고 그가 "다스리라"는 명령을 수행할 때부터 경작이 가능했다. 그러므로 창세기 1장과 2장은 모순되지 않으며 식물 창조와 사람의 창조, 그리고 아담에게 내린 지상 명령이 순서대로 정확하게 기록되었다.

성경이 먼저 연대기적으로 서술하고 그 배경 설명을 나중에 자세히 기록한 예는 곳곳에서 발견된다. 예를 들어, 창세기 10장은 방주에서 나온 노아의 후손이 각 나라로 나뉜 모습을 보여 준다. 그러나 그들이 왜, 어떤 방법으로 나뉘었는지는 11장 전반부에 가서야 따로 설명한다. 노아의 후손들이 바벨탑을 지어 하나님을 대적한 것이 그 원인이었으며, 하나님이 언어를 혼잡하게 하여 사람들이 서로 말을 알아듣지 못하게 하심으로써 흩으신 것이 그 방법인 것이다. 여기서도 창세기 9장과 10장에 이어 노아의 후손들에 관해 순서대로 기록했으나 그들이 흩어진 중요한 이유는 따로 떼어서 11장에 서술하였다.

여호수아서에서 또 다른 예를 찾아볼 수 있다. 이스라엘이 기브온을 도와주는 과정과 전쟁이 진행되는 과정 및 결과가 여호수아 10장

11절까지 기록되었는데, 어떤 과정과 방법으로 전쟁을 승리로 이끌었는지는 12~14절에 따로 떼어서 기록하였다. 하나님이 여호수아의 기도에 응답하여 태양이 머물고 달이 멈추게 하신 것이다.

타협이론을 주장하는 사람들이나 성경 비평가들은 본문을 해석하는 데 이와 비슷한 실수를 자주 저지른다. 그들은 성경이 사실을 적은 책이 아니라는 전제하에 보기 때문에 중요한 부분을 건너뛰는 일이 많다. 본문을 충분히 읽지 않은 채, 얼핏 보기에 다른 것 같으면 가볍게 결론을 내리고 마는 것이다. 그러나 이해가 잘 안 되는 부분을 주목하여 꼼꼼히 읽다 보면 오히려 하나님이 얼마나 정확하게 계시하셨는지를 알고 감탄하게 된다.

성경을 읽을 때는 거기 계신 하나님을 생각해야 한다. 하나님은 전지전능하고 거짓이 없으며 우리에게 사실만 전하기를 원하시는 분이다. 하나님을 생각하는 마음가짐으로 성경을 읽으면 실수를 줄일 수 있다.

3. 창세기 1장을 문학으로 보는 골격 해석의 문제

창세기 1장은 시적 구조를 갖는데 첫 번째 3일과 두 번째 3일로 크게 나누어 볼 수 있다. 첫 번째 3일 동안에는 궁창이라든가 바다라든가 육지와 같이 골격을 만들고, 두 번째 3일 동안에는 각각의 구조물에 들어갈 새나 물고기나 동물 같은 내용물을 창조한 것으로 배치해서 기록했다는 것이다. 창세기 기자는 창조와 안식이라는 주제를 전달하려고 한 것이지, 시간적 순서를 전달할 의도는 없었다고

보는 입장이다.(p 144)

저자가 소개하는 골격 해석은 자유주의 신학과 신정통주의 신학이 등장한 이래 최근 신학계가 창세기 1장을 해석하는 가장 보편적인 방법이라고 해도 과언이 아니다. 진화론이 보편화되면서 신학자들이 창세기를 실제 기록으로 보기보다 시나 설화 같은 하나의 문학으로 보고 접근하려는 시도로 등장했다. 이런 시도를 하는 가장 근본적인 이유는 진화론에 관한 신뢰가 바탕에 깔려 있어서 창세기 1장을 그대로 받아들이기 어렵기 때문이다.

다음은 저자가 언급한 처음 3일과 나중 3일이 서로 대조되는 골격 해석의 예다.

첫째 날	빛과 어둠을 나눔	**넷째 날**	해, 달, 별 창조
둘째 날	궁창으로 물을 나눔	**다섯째 날**	물고기와 새 창조
셋째 날	뭍과 식물의 등장	**여섯째 날**	육상 동물과 인간 창조

위의 표는 언뜻 보기에 그럴듯하다. 그러나 창세기 1장을 조금만 자세히 읽어도 이 같은 패턴이 맞아떨어지지 않는다는 것을 쉽게 발견한다. 몇 가지를 살펴보자.

첫째 날을 보면, 성경은 단지 빛과 어둠만을 언급하지는 않는다. 시간, 하늘, 지구도 언급하는데, 특별히 지구에 초점이 맞추어져 있다. 형태가 갖추어져 있지 않고, 비어 있으며 흑암이 깊음 위에 있다는 묘사는 모두 지구에 관한 것이다. 즉 빛과 어둠에 초점을 맞춘 것이 아니다. 이 논리로 보면, 땅 위의 동식물은 넷째 날에 창조되었어야 한다.

또 한 가지, 물고기는 다섯째 날 창조되었다. 그러나 골격 해석으로 보면, 물고기는 여섯째 날에 창조되었어야 더 잘 어울린다. 왜냐하면 물고기가 사는 바다가 셋째 날에야 창조되었기 때문이다. 셋째 날에 바다가 창조되었음에도 불구하고, 여섯째 날에는 바다 생물에 관해 아무런 언급이 없다. 또한 둘째 날 창조된 궁창 위 물에 관해서는 다섯째 날에는 아예 언급조차 하지 않는다.

또한 하나님이 환경 요소를 먼저 갖추고 나서 생물을 창조하신 창조 과정을 사건이나 시간 순서가 의미 없는 시적 구조로 해석해야 할 이유가 무엇인지 묻고 싶다. 집에서 물고기 한 마리를 키우려고 해도 물과 어항과 기타 환경적인 여건을 먼저 마련하고 나서야 물고기를 어항 속에 넣는다. 하나님은 생명체가 살기에 적합한 환경을 미리 설계하셨고, 이를 고려하여 물리적, 화학적 요소들을 갖추는 지성적이며 당연한 과정을 거치셨다. 어떤 사람이 어항을 갖추고 물고기를 풀어 놓은 전 과정을 기록했을 때 시로 받아들여야 옳을까, 아니면 창조 일지로 받아들이는 것이 옳을까? 재론의 여지없이, 창세기 1장은 거기 계셨고, 행하신 분의 증언을 담은 역사적 서술이다.

창세기 1장을 골격으로 해석하는 사람들은 이미 마음속에 성경이 순서대로 기록되었을 리 없다는 편견을 갖고 있다. 잘못된 편견으로 말미암아 창세기에 기록된 다양한 요소들을 그냥 지나치고, 자기가 원하는 문학 구조에 필요한 요소에만 집중하는 우를 범하게 된다.

저자를 포함하여 많은 크리스천이 이 불완전한 골격 해석에 매료되어 기록된 시간적 순서를 애써 외면하고 싶어 하는 이유가 뭘까? 자신이 배워 왔던 진화론의 영향에서 벗어나지 않으면서도 성경을 포기하고 싶지 않은 마음 때문이 아닐까?

02

다중격변설

지난 2006년 한국에서 다중격변설이라는 독특한 타협이론이 등장했다. 이 이론은 밴쿠버 기독교 세계관 대학원(VIEW) 원장으로 있는 양승훈 교수가 《창조와 격변》(예영, 2006)을 통해서 주장했다. 다중격변설을 쉽게 설명하자면, 앞서 언급한 점진적 창조론에 격변설을 더한 이론이다. 즉 하나님이 창조와 멸종을 수십억 년 동안 반복하다가 아담을 창조하였는데, 멸종시킬 때마다 홍수 심판과 같은 격변을 사용하셨다는 타협이론이다. 그리고 격변의 원인으로 외계에서 날아온 운석을 꼽는다.

다중격변설은 내용뿐 아니라 그 발생 동기도 점진적 창조론과 유사하다. 1980년대에 진화론자들이 전이화석과 대진화에 관한 증거의 부재를 인정하자, 하나님이 진화의 순서대로 창조하셨다는 점진적 창조론이 등장했다. 즉 진화론자들이 부담스러워하는 진화 메커니즘을 버리되 지질시대만은 버리지 않겠다는 뜻에서 나온 것으로 학계 변화에 발맞추어 기존 유신론적 진화론을 변형시킨 것이다.

그와 마찬가지로 다중격변설도 지질학계의 변화에 맞추어 등장한 이론이다. 앞서 언급한 대로 19세기 초부터 지질학에서는 지층이나 산들이 오랜 세월에 걸쳐 퇴적하고 침식하는 자연 과정에 의해 형성되었다는 해석이 우세했다.

그러나 1970년에 들어서면서부터 학계에서 오랜 지질 과정에 회의적인 반응이 나타나기 시작했다. 실험을 하니 지층, 화석, 산과 골짜기 등 지질학의 연구 대상들이 오늘날 일어날 수 없는 격변적 과정으로만 형성 가능하다는 결론에 도달했기 때문이다.

다중격변설은 이와 같이 지질학자들이 자신들의 기존 해석에 문제가 있음을 인정하는 분위기에서 등장했다. 이는 지질학계의 패러다임이 동일과정설에서 격변설로 넘어갔음을 뜻한다. 즉 다중격변설은 학계가 변하는 만큼 변하면서도 진화론자들이 여전히 붙들고 있는 지질시대와 수십억 년의 역사는 고수하려는 기존 점진적 창조론의 변형이라고 할 수 있다.

다중격변설의 정의는 양승훈 교수의 《창조와 격변》을 통해 확인하는 것이 가장 정확할 것이다.

> 다중격변설에서는 지구 역사에서는 전 지구적인 격변이 여러 차례

있었으며, 최후의 격변이 노아홍수였다고 본다. 다중격변설에서는 오늘날 지질학에서 받아들이고 있는 지질시대를 그대로 인정하고 방사성 동위원소 연대도 받아들이지만 ….(p. 233)

여기서 언급한 것처럼 다중격변설은 수십억 년의 지질시대표 역사를 사실로 보며, 홍수 같은 전 지구적인 격변이 여러 번 있었는데, 맨 마지막 격변을 홍수 심판으로 보는 것이다. 저자가 책에 워낙 여러 가지 내용을 담고 있기 때문에 다중격변설에 직접적으로 관련되는 것으로 보이는 부분만 다루기로 하겠다.

성경에 기록되어 있는가?

대홍수론은 지질학적인 증거들을 설명하기 어렵고, 균일론 혹은 국부홍수론은 성경의 기록과 양립하기 어렵다고 할 수 있다. 방사성 연대측정 결과를 부정할 수도 없고, 성경적으로나 지질학적으로 노아홍수가 전 지구적이며, 파괴적임을 받아들이지 않을 수가 없다면 이 딜레마를 해결할 수 있는 한 가지 가능성은 다중격변 모델이다.(p. 479)

양승훈 교수는 수십억 년의 지질시대를 사실로 고정시켜 놓고 성경에 없는 수많은 격변을 끼워 넣는 다중격변설로 과거 해석의 딜레마를 해결할 수 있다고 말하고 있다. 그러나 이것은 그렇게 쉽게 한 문단으로 끝날 문제가 아니다. 다중격변설은 딜레마의 해결이 아니라 오히려 더 많은 성경적 딜레마를 생산한다. 겉보기에 가장 쉽게 드러나는 성경적 문제점은 하나님의 창조과정 중에 다중격변설이 말하는 격변이나 멸종에 대한 기록이나 분위기가 등장하지 않는다는 것이다. 정말 자신이 창조했던 피조물을 멸종시킬 만한 격변을 여러 번 일으키셨다면 성경 어딘가 그 기록을 남겨 놓아야 하지 않겠는가?

> 화석들의 분포가 반드시 매몰의 순서라고 보지 않으며, 도리어 창조의 순서라고 본다.(p.235)

저자는 지질시대표 상의 화석들이 창조의 순서라고 말하고 있다. 이 책을 읽으면 위와 같은 혼돈을 주는 기록을 자주 발견하게 된다. 저자는 책의 많은 부분을 할애하여 화석이 자신이 주장하는 격변에 의해 매몰되었다고 말한다. 그러다가 여기서는 지질시대표를 지지하기 위해 화석을 창조의 순서로 바꾼다. 그러나 누구나 부정할 수 없는 것은 화석의 위치는 매몰된 위치라는 점이다. 한마디로 화석은 돌 속에 보존된 시체나 흔적이다. 저자는 이와 같이 화석이 들어 있는 지층을 직접 보면서 말하는 것이 아니라 책에 수록된 지질시대표 상의 화석 그림을 보고 상상하고 있는 것이다.

성경은 하나님의 능력과 성품에 대하여 '전능하시며 선하신 분'임을 일관되게 선포한다. 그러나 다중격변설을 믿는다면 하나님께서 자신이 창조했던 생물들을 대거 멸종시키는 잔인하고도 무의미한 일들을 수십억 년 동안 수없이 반복하신 후에 인간을 창조했다는 이해하기 힘든 생각을 받아들여야 한다. 그것도 저자가 상상하는 운석을 지구에 떨어뜨리는 격변을 통해서 말이다. 그러나 하나님께서 자신이 창조한 피조물을 변형시키실 유일한 이유는 단 하나다. 바로 인간의 죄 때문이다. 저자가 주장하는 인간 범죄 이전의 멸종 역사는 성경에서 찾을 수 없을 뿐 아니라 하나님의 성품과도 조화롭지 않다.

저자는 분명히 책 속에서 다중격변설에서 말하는 멸종이 하나님의 성품과 조화롭지 않다는 부담을 갖고 있는 듯하다. 그러나 오히려 자신의 부담을 대규모 멸종을 미화하며, 멸종이 좋지 않은 모습이라고 여기는 사람들을 탓한다.

> 대규모의 멸종들이 과연 하나님이 보시기에 나빴을까를 생각해 보아야 한다.(p. 536)

그러나 이 대규모 멸종이 이렇게 문장 하나로 가볍게 넘어갈 수 있는 일인가? 과연 자신이 창조한 피조물을 멸종시키는 것이 하나님이 보시기에 좋았단 말인가? 하나님은 홍수 심판을 하실 때 사람에서부터 가축과 기는 것과 공중의 새까지 자신이 창조한 것들을 쓸어버리시며 한탄하셨다(grieved, 창 6:7).

만약 그런 수많은 격변이 있었다면 하나님께서 사람을 창조하기 전까지 수십억 년 동안 얼마나 많이 한탄하셨어야 했을까? 그렇게 수많은 한탄을 하신 후에 사람을 창조하셨다는 것을 믿을 수 있을까? 인간이 죄도 짓기 전에 이런 잔인한 일을 하셨을까? 다중격변설은 전지하신 하나님이 방향성 없이 생물들을 창조하고 쓸어버리는 일을 수차례 반복하신 무계획적이고 시행착오적인 하나님으로 바꾸어 버렸다. 이와 같이 다중격변설은 성경과 무관하게 시작한 이론이기 때문에 결코 하나님의 성품과 어울릴 수 없다.

다중격변설은 다른 타협이론보다 한 단계 더 나가서 사람의 죄 이전에 운석에 의한 격변을 이야기한다. 이 주장에 따르면, 격변이 발생할 때마다 지진이 발생했어야 할 것이다. 저자는 지진에 대하여 다음 문장을 인용하며 슬쩍 넘어가려 한다.

> 사람을 죽이는 것은 빌딩이지 지진이 아니다.(p. 535)

지진 자체가 나쁜 것은 아니라는 말이다. 이는 정말 비상식적 발상이 아닐 수 없다. 저자는 인류에게 주는 어려움의 원인을 지진에서 사람이 만든 빌딩으로 그 관점을 옮기려 한다. 그러나 과연 지진이 일어나지 않았다면 빌딩은 왜 무너지겠는가? 이는 운석이나 지진 등의 천재지변이 처음에 좋았던 창조의 모습이 아니라 저주의 결과라는 것을 피하고 싶어서 미화시키는 것이다. 참으로 억지스러운 주장이 아닐 수 없다.

과학적으로 합당한가?

양승훈 교수는 자신의 이론을 주장하기 위해 오랜 연대를 지지하는 방사성 동위원소 연대 측정법을 옹호하면서 한편으로는 단 한 번의 격변적 홍수 심판이라는 대홍수설을 비판한다. 여기서 대홍수설을 비판하는 이유는 그것을 받아들일 경우에 자신이 신뢰하는 지질시대표가 무너진다는 사실을 알기 때문이다.

1. 방사성 동위원소 연대 측정법의 부정확성

저자는 방사성 탄소(^{14}C) 연대 측정의 타당성을 설명하기 위해 다음과 같이 언급한다.

> ^{14}C 방법에 대하여: 여기(오차)에 대해서는 정확한 보고는 없지만 대체로 2% 미만으로 알려져 있다. 그나마 중요한 결과의 경우에는 대부분 부정확한 데이터가 나온 원인이 밝혀져 있다. 비록 2% 내외의 예외적인 결과가 있다고 해도 나머지 98% 이상의 다른 결과들이 정확하다면 우리는 그 연대를 신뢰할 수 있다고 할 수 있다.(p. 391)

^{14}C 방법에 관한 정확한 보고가 없다고 하면서도 2%라는 수치는 무엇을 근거로 도출한 것일까? 어느 참고문헌에서 가져온 자료인지 궁금하다. 저자는 어디서 무엇을 인용했는지 참고문헌을 밝히지 않았다. "확실하지 않다"고 말하고 나서 "98% 이상이 정확하다"고 하는 것은 무슨 뜻인가?

그러나 ^{14}C 방법은 저자가 제시한 수치와 달리 거의 대부분 부정확하다. 실제로 ^{14}C 방법을 통해, 연대를 알고 있는 유기물을 측정하면 그 연대가 일치하는 경우가 아주 드물기 때문이다.

또한 저자가 "부정확한 경우 그 원인이 밝혀졌다"고 말한 것도 현실과는 아주 동떨어진 발언이다. 그 결과가 왜 실재와 맞지 않는지, 그 원인에 관해 여러 가지 추측이 있으나 그것은 여전히 연대 측정을 하는 사람들의 가장 큰 고민이다.

실제로 탄소 연대 측정의 결과를 편견 없이 받아들이면, 오히려 측정 대상들은 진화론자들이 말하는 수십억 년이라는 연대에 회의적인 결과들을 보여 준다. 탄소 연대 측정 원리상 5~7만 년보다 오래된 탄소 화합물에는 측정 가능한 ^{14}C가 남아 있지 않아야 하지만, 진화론자들이 수천만, 수억 년 되었다고 여기는 화석들을 측정해 보면 예외 없이 ^{14}C가 측정된다.[43]

이는 산술적으로만 볼 때 그 화석들이 적어도 7만 년보다 젊다는 의미다. 그리고 남아 있는 ^{14}C 양으로 이들을 환산하면 대부분 수천 년으로 떨어진다. 이는 ^{14}C 연대 측정법이 정확하다는 말이 아니라, ^{14}C 방법을 순수하게 적용할 때 자신들이 정해 놓은 진화론적 나이와 일치하지 않음을 강조하는 것이며, 오히려 그들이 추측하는 수십억 년 지구 나이에 심각한 문제점을 제시하려는 것이다. 여기에는 예외가 없다. 즉 화석들이 그들이 추측하는 연대와 일치한 적이 없는데, 어떻게 98%가 정확하다고 할 수 있을까? 저자는 그 숫자가 어디서 나왔는지 근거를 제시해야 할 것이다.

실제로 방사성 동위원소 연대 측정은 그 숫자를 선택하는 데 있어서 아주 주관적이다. 자신의 편견에 따라 측정 방법을 결정할 뿐만 아니라, 측정된 연대를 선택하느냐 아니냐 역시 주관적이다. 이에 대하여

---

43 John Baumgardner, *Radioisotopes And The Age of The Earth* Volume II, Institute For Creation Research and Creation Research Society, p. 951-954, 2005.

루이지애나 주립대학의 지질학 교수인 백시(Ajoy K. Baksi)의 말은 도움이 될 것이다.

> 많은 예를 보더라도, 방사성 측정 데이터의 주관적이고 잘못된 사용은 지구과학 문헌에서 풍토병이다… 많은 경우에, 불완전하고 아주 주관적인 데이터에 대한 수학적 분석은 의심스러운 결론으로 귀결된다.[44]

저자의 주장 가운데 암석 측정에 사용되는 K-Ar(칼륨-아르곤) 연대 측정법도 비슷한 문제점을 보인다. 다음은 저자가 주장한 내용이다.

> K-Ar 연대측정에 대하여: 그러나 이런 (나이와 동떨어진) 경우는 드물며, 또한 대부분이 그 이유가 알려져 있다.(p. 386)

K-Ar 연대 측정법은 주로 용암의 나이를 결정하는 데 사용된다. 결정 원리를 깊이 다루지 않더라도 이 방법이 신뢰할 만한지를 판단할 수 있는 가장 훌륭한 방법은 폭발 시기를 알고 있는 용암을 측정해 보는 것이다. 만약에 측정치가 실제 연대와 잘 맞아떨어진다면, 연대를 모르는 용암에 적용해서 나온 결과를 타당하다고 받아들일 것이다.

그러나 그들의 기대와는 전혀 다르게 실제 나이와 측정치가 불일치한다는 보고가 대부분이다. 지금까지 용암에 K-Ar 연대 측정법을 적

44 Ajoy Baksi, "Search for periodicity in global events in the geologic record: Quo Vadimus?" *Geology* 18: 985, 1990.

용하여 나이를 맞힌 경우는 보고된 바가 없다. 심지어 너무 큰 오차를 보이기도 하는데, 최근 화산 활동으로 굳어진 용암들을 측정하더라도 수십만 년에서 길게는 수십억 년까지 나오기 때문이다.

따라서 저자가 말한 것처럼 나이가 동떨어진 경우가 드물다는 말은 틀린 것이다.[45]

저자는 나이가 동떨어지게 나온 이유가 밝혀졌다고 말하지만, 이것 역시 틀린 말이다. 불일치는 탄소 연대 측정법과 마찬가지로 지질학자들이 지금까지 가장 고민하는 부분이다.

또한, 저자는 불일치가 발생하는 가능성에 관해 말하는데 실제와 반대로 설명한다.

> … 물론 아르곤 기체가 암석을 통해 새어 나갔을 가능성도 생각해 볼 수 있다. … 또한, 아르곤이 샌다면 남아 있는 아르곤이 원래 적으므로 원래 연대보다 더 젊게 나오지 오래된 연대는 나오지 않는다.(p. 387)

연대가 불일치하는 이유로 Ar 기체가 암석을 통해 새어 나갔을 가능성을 제시한다. 그러나 이는 연대 측정에 관한 무지에서 나온 오개념이다. 실제 지질학자들의 고민은 Ar 기체가 빠져나가서가 아니라, 반대로 용암이 굳기 이전에 용암으로부터 Ar 기체가 완전히 빠져나가지 않고 남아 있는 Ar에 더 큰 문제를 삼는다. 이를 '초과 Ar'이라 부른다.

---

45 더 자세한 내용을 알려면 필자가 쓴 《노아 홍수 콘서트》(이재만, 두란노, 2009)를 참고하기 바란다.

K-Ar 연대 측정법은 그 결정 원리상 용암에 Ar이 적으면 용암이 굳은 지 얼마 되지 않은 것이며 많으면 오래된 것으로 해석한다. 그리고 용암이 굳기 전에 모든 Ar이 날아가 버렸다는, 'Ar=0'이란 기본 가정하에 출발한다. 심각한 문제는 굳은 지 얼마 되지 않은 용암을 측정할 때, Ar이 항상 그 용암 속에 남아 있다는 점이다. 즉 남은 '초과 Ar'이 항상 가장 큰 문제를 일으킨다. 초과 Ar에 대한 문제는 이미 많은 지질학 논문에서 제기되어 왔다.[46, 47]

초과 Ar이 가장 중요한 이슈가 되는 것은 K에서 Ar이 발생하는 생성 속도가 매우 느리므로(반감기가 12억 5천만 년), 만약 용암 안에 Ar의 양이 아주 조금만 남아 있더라도 수천만 년의 연대를 보여 주기 때문이다. 저자가 이런 실수를 하는 것은 본인이 지질학 현장에서 실제 샘플을 들고 고민하기보다 단지 용암이 오래되었을 것이라는 추측을 무비판적으로 수용했기 때문일 것이다. 진화론자들이 연대 측정의 결과를 정하는 내용은 부록 2의 '수십억 년의 나이가 나오기까지 숨어 있던 이야기'를 읽으면 도움이 될 것이다.

실제로 저자는 "지구 절대연대를 측정하는 대표적인 방법인 방사성 동위원소 연대 측정법은 이 논쟁의 출발점이요 핵심"(p. 470)이라며 방사성 동위원소 측정법이 자신의 다중격변설에 절대적으로 중요한 위치를 차지함을 언급하고 있다. 역으로 말하자면, 방사성 동위원소 연대 측정에 문제가 있다면 자신의 다중격변설은 모두 버려야 한다는

---

46 A.W. Laughlin, J. Poths, H.A. Healey, S. Reneau, and Gabriel, G. Wolde, "Dating of Quaternary basalts using the cosmogonic ^{3}He and ^{14}C methods with implications for excess ^{40}Ar", *Geology* 22:135-138, 1994.

47 D.B. Patterson, M. Honda and I. McDougall, "Noble gases in mafic phenocrysts and xenoliths from New Zealand", *Geochimica et Cosmochimica Acta* 58:4411-4427, 1994.

뜻이다.

그럼에도 불구하고 저자는 이 같이 불안정한 방사성 동위원소 연대 측정법을 성경보다 신뢰하며 다음과 같이 정리한다.

> 지구 역사에서 단 한 차례의 대규모 홍수만 있었다는 대홍수론의 가장 큰 어려움은 기존의 연대 측정 결과와 맞지 않는다는 것이다. 즉 방사성 연대법은 지구의 연대가 1만 년 이내라거나 모든 지층과 화석의 연대가 동일하다는 주장을 지지하지 않는다.(p 470)

저자에게는 방사성 동위원소 연대 측정법이 정말 성경에서 말하는 단 한 번의 대규모 홍수를 받아들이는 데 가장 큰 걸림돌인 듯하다. 그러나 연대 측정이 정확하지 않은 한 실제 역사를 적은 성경 기록과 일치할 리가 없다.

엄밀히 말해서 저자의 "방사성 동위원소 연대 측정법이 지구의 연대가 1만 년 이내라고 말하지 않는다"는 말도 틀린 표현이다. 앞서 언급한 것처럼 ^{14}C의 경우는 진화론자들이 수십억 년 되었다고 주장하는 석탄이나 다이아몬드들을 측정하면 수천 년이라는 값이 나온다. 단지 지구가 수십억 년이라는 패러다임에 맞지 않으므로 선택적으로 거부되고 있을 뿐이다.[48]

2. 격변 규모의 오해

양승훈 교수는 증거들을 통해서 지구상에 여러 번의 격변이 있었다

---

48 RATE Project

고 주장한다. 예를 들면, 다음과 같은 방식이다.

> 그러나 단기간의 대홍수만으로는 수십 km에 이르는 지층의 형성과 깊이 20km에 이르는 그랜드 캐니언과 인근 캐니언들의 형성을 설명하기 어렵다. … 만일 노아 홍수로만 현재의 지층 형성을 설명하려면 홍수가 있었던 10여 개월 동안 쉬지 않고 시간당 평균 2~3m의 속도로 지층이 퇴적되었다고 가정해야 하는데 이것은 상상하기 어렵다.(p. 485)

그랜드 캐니언과 주변의 지층이 너무 두껍기 때문에 성경에 기록된 홍수 기간 내에 형성되는 것이 불가능하다는 뜻이다. 그러나 이런 자세는 두꺼운 지층을 눈으로 보지만, 자신이 주장하려는 여러 번의 격변만을 마음에 두기 때문에 나온 것이다.

실제 예를 들어 보자. 1980년에 미국 워싱턴 주의 세인트 헬렌스 산(Mt. St. Helens)이 폭발했을 때, 화산재와 눈 녹은 물이 섞여 흐르면서 수 시간 만에 7.5m 지층을 형성했다. 그러나 창세기에 기록된 홍수 심판은 전 지구적으로 발생하여 방주에 타지 못한 코로 숨 쉬는 모든 생물과 인류를 멸망시킨 대격변이다. 전지구적 격변이 한눈에 보일 만한 단일 화산 활동의 결과보다 못하게 취급되어야 할까?

그랜드 캐니언의 지층은 단지 두께뿐 아니라 펼쳐진 넓이도 대단하여 북미 전 지역에 걸쳐 연결되어 있다. 또한 넓은 지층이 한결같이 아주 평평하며 지층과 지층 사이에 시간적 간격을 보여 주는 어떤 흔적도 없다. 이 부분은 창조과학자들이 진화론자들에게 끊임없이 지적해 온 질문이다.

저자는 단지 본인에게 필요한 격변이란 단어만 선택한 채 여러 번의 격변을 말하려고 한다. 그럼으로써 지질학적으로 그릇된 해석을 하며 동시에 홍수 격변의 규모도 약화시키고 있는 것이다. 사실 전 지구적인 단 한 번의 격변을 통해 형성된 그랜드 캐니언을 보면 수많은 증거를 쉽게 발견할 수 있다.

격변의 원인으로 내세우는 운석에 관한 논리는 문제가 더욱 심각하다. 과연 성경에 기록된 홍수 심판으로는 그런 두터운 지층의 형성이 불가능하고, 저자가 주장하는 운석으로는 가능하단 말인가? 성경에 기록된 대로 "큰 깊음의 샘들이 터지며 하늘의 창문들이 열려"(창 7:11) 천하의 높은 산들도 잠기게 했던 하나님의 심판이 저자가 상상한 운석보다도 못한 규모란 말인가? 대륙을 횡단하는 광활하고 두꺼운 그랜드 캐니언 지층이 오랜 시간 간격을 두고 충돌한 운석으로 형성될 만한 규모일까? 그렇다면 아주 평평한 지층 간의 경계는 어떻게 설명할 수 있을까?

저자의 주장대로 지층이 운석 충돌에 의해 수백만 년의 시간 간격을 두고 만들어졌다면, 격변과 격변 사이에 오랜 시간의 침식 흔적이 남아야 한다. 그러나 그랜드 캐니언을 포함해 지구상의 지층들은 그런 흔적이 없다. 오히려 전 지구의 지표를 덮고 있는 광역적이고 엄청난 지층과 화석들은 성경에 기록된 전 지구적인 격변적 홍수 심판과 잘 맞아떨어진다.

다중격변설도 다른 타협이론과 같이 성경적으로나 과학적으로나 받아들일 수 없는 이론이다. 저자의 책을 읽으면 창조라는 단어는 여러 번 등장하지만 거기에서 창세기는 찾을 수 없다. 그 책에는 단지 인간의 상상 속에서 만든 지질시대표만 있을 뿐이다.

이 같이 점검해 볼 때 다중격변설도 다음과 같이 결론지을 수 있다.
성경과 조화로운가? No
과학적인가? No

결론

다른 예수, 다른 복음을 버리고 돌아가라

오늘날 우리가 사는 시대를 표현할 때 '진화론 시대'라고 해도 과언이 아니다. TV, 신문, 매스컴에서 출현, 멸종, 수십억 년 나이 등 진화 역사를 느끼게 하는 단어들을 무분별하게 사용한다. 교과서에는 수십억 년의 지구 나이, 고생대, 중생대, 신생대가 기록된 지질시대표, 수백만 년의 구석기와 신석기 등 진화 역사의 틀에서 쓰인 내용이 실려 있다. 교사나 학생이나 자기 의지에 상관없이 진화 역사를 가르치며 배운다. 이처럼 진화 역사를 기정사실로 말하는 환경 때문에 이 시대에 살면서 자신이 진화론적 사고에 얼마만큼 젖어 있는지 파악하는 것은 쉽지 않다. 너무나 보편화되었기 때문이다. 그러니 이 시대를 '진화론 시대'로 부를 만하다.

특이한 것은 창조와 진화에 관해 공개적으로 논쟁할 때, 진화론자들이 중고등학교 교과서에 실린 내용을 진화의 증거로 내세우는 경우가 거의 없다는 점이다. 이미 전문가들은 교과서 내용이 진화의 증거가 아니며 그것이 얼마나 허점이 많은지 알기 때문이다. 그럼에도 불구하고 우리 자녀들은 모두 진화론을 배우며 자란다. 진화론적 주변 상황은 크리스천도 벗어나기 어렵다.

그러므로 크리스천들이 타협이론을 만들려는 시도는 안타까우면서도 그 마음을 이해할 만하다. 어느덧 진화 역사가 모두에게 사고의 전통으로 깊이 자리 잡았기 때문이다. 그러나 이해된다는 것과 옳은 것은 별개의 문제다.

3 뱀이 그 간계로 하와를 미혹한 것같이 너희 마음이 그리스도를 향
하는 진실함과 깨끗함에서 떠나 부패할까 두려워하노라 4 만일 누
가 가서 우리가 전파하지 아니한 다른 예수(another Jesus)를 전파하거나
혹은 너희가 받지 아니한 다른 영(a different spirit)을 받게 하거나 혹은 너
희가 받지 아니한 다른 복음(a different gospel)을 받게 할 때에는 너희가
잘 용납하는구나(고후 11:3-4, 참고 NASB)

사도 바울은 자신이 전파하지 않은 "다른 예수", "다른 영", "다른 복음"을 고린도 교회 교인들이 잘도 용납했음을 지적했다. 왜 그들은 '다른 것들'을 그렇게 쉽게 받아들였을까?

다른 것들이란 당시 헬라 문화권인 고린도 지역의 철학과 전통, 즉 보편적인 사고와 섞인 예수, 영, 복음이었다. 그러므로 그들에게 '다른 것'들은 그럴듯하게 보이고 받아들이기에도 마음 편한 것이었다. 여기서 바울은 자기가 전했던 "진짜 복음"과 구분하여 당시 보편적 사고와 섞인 복음을 "다른 복음"이라 불렀다.

바울의 경고는 진화론 시대를 사는 교회에 던지는 경고처럼 들린다. 왜냐하면 진화론의 보편화와 함께 교회들이 타협이론에 쉽게 미혹되어 왔기 때문이다. 그런 면에서 사도 바울이 살던 때나 지금이나 교회들이 다른 복음, 즉 타협이론을 쉽게 받아들인다는 점에서 큰 차이가 없다. 사도 바울은 그런 상황을 '다른 복음'이라 명확히 구분하며 경고했다. 그렇게 구분하지 않았을 때 일어날 결과를 잘 알고 있었기

때문이다. 그 결과는 유일한 진리인 예수 그리스도를 떠나고 결국 교회마저 떠나는 것이다.

사도 바울은 다른 복음이 전해지는 이 같은 상황을 "뱀이 그 간계로 하와를 미혹한 것같이"(고후 11:3)라고 했다. 실제로 교회에서 타협이론을 수용하는 모습을 보면, 창세기 3장에서 하와가 유혹받는 모습을 보는 듯하다.

사탄은 하와를 유혹할 때, '하나님이 없다'와 같은 직설적인 언급을 하지 않았다. 오히려 "하나님이 참으로 너희에게 동산 모든 나무의 열매를 먹지 말라 하시더냐"(창 3:1)라고 하며, 하나님이 하신 말씀을 의심하게 했다. 하와는 '말씀'을 의심하여 범죄하였고, 결국 자신과 그 후손들을 모두 죄 아래로 이끌었다. 사탄이 목적을 달성한 것이다.

사탄은 지금도 교회에 '예수는 그리스도가 아니다'라는 식의 자기 심중을 쉽게 드러내는 방식으로 접근하지 않는다. 오히려 '태초에 좋았던 세상', '첫 사람 아담', '선악과 사건', '홍수 심판' 등 예수님의 이름이 직접 거론되지 않는 창세기 기록들을 실제 역사가 아닌 신화로 만들고, 이것들을 복음과 상관없는 성경의 주변 이야기라고 말한다.

그러나 사탄은 자신이 목표로 하는 과녁을 정확히 향하고 있다. 바로 복음이다. 결국 사탄은 성경을 믿지 못하게 함으로써 '다른 예수', '다른 영', '다른 복음'을 받아들이게 하는 데 성공하는 것이다.

그러나 예수님이 오시기 이전의 성경 역사는 주변부 이야기가 아니라 오히려 복음의 기초임을 명심해야 한다. 창조자 예수님이 이 땅에 오신 이유는 성경에 기록된 과거 역사가 사실이기 때문이다. 만약 유신론적 진화론을 주장하는 우종학 교수가 말하듯이 성경을 기록된 그대로 믿는 것이 성경교라면 우리는 오히려 성경교인이 되도록 노력해야 한다. 성경 '책'에 갇힌 성경교인이 아니라 성경에 쓰인 그대로, 시공간을 초월하여 존재하시는 하나님이 성경에 기록된 그대로 행하셨음을 믿는 성경교인이 되어야 한다. 나아가 지금도 내 삶과 피조물에 관하여 성경 그대로 행하시는 살아계신 하나님을 믿는 신앙인이 되어야 한다.

하나님은 자기도 모르게 지은 죄에 대해 뭐라고 말씀하실까?

> 27 만일 평민의 한 사람이 여호와의 계명 중 하나라도 부지중에 (unintentionally) 범하여 허물이 있었는데 28 그가 범한 죄를 누가 그에게 깨우쳐 주면 그는 흠 없는 암염소를 끌고 와서 그 범한 죄로 말미암아 그것을 예물로 삼아 29 그 속죄제물의 머리에 안수하고 그 제물을 번제물을 잡는 곳에서 잡을 것이요 30 제사장은 손가락으로 그 피를 찍어 번제단 뿔들에 바르고 그 피 전부를 제단 밑에 쏟고 31 그 모든 기름을 화목제물의 기름을 떼어낸 것 같이 떼어내 제단 위에서 불살라 여호와께 향기롭게 할지니 제사장이 그를 위하여 속죄한즉 그가 사함을 받으리라(레 4:27~31, NASB)

성경은 '모르고' 범한 것도 죄라고 말한다. 즉 부지중에 범죄하였을 때라도 누가 그에게 그것이 죄라는 것을 깨우쳐 주면 암염소로 번제물을 드려 속죄함을 받아야 한다는 것이다.

오늘날 크리스천도 모르고 거짓말 할 수 있다.

"학교에서 진화론을 배웠기 때문에 그것이 잘못된 학문인지 미처

몰랐습니다."

"교회에서 타협이론을 믿어도 된다고 하기에 믿은 것뿐입니다."

"누구도 내게 성경이 옳다고 가르쳐 주지 않았습니다."

하나님 앞에서 이 같은 변명을 할 수 있다. 그러나 이런 식의 변명은 통하지 않는다. 모르고 주장했거나 동의해도 거짓말은 거짓말이기 때문이다.

타협이론을 만들거나 주장하는 사람들은 자신들의 행동이 하나님의 말씀을 왜곡시킨다는 것을 몰랐을 수 있다. 다른 과학자나 신학자를 핑계 삼았을 수도 있다. 그러나 '모르고' 타협이론을 만들었더라도 거짓말은 거짓말이다.

과연 거짓말을 하지 않고 살 수 있을까? 결코 그럴 수 없다. 우리는 모두 거짓말쟁이다. 한순간도 바른 말을 하고 살지 못한다. 실수하고, 과장하고, 필요한 것만 말한다. 성경도 그것을 지적했다.

> 10 기록된 바 의인은 없나니 하나도 없으며 11 깨닫는 자도 없고 하
> 나님을 찾는 자도 없고 12 다 치우쳐 함께 무익하게 되고 선을 행하
> 는 자는 없나니 하나도 없도다(롬 3:10~12)

> 모든 사람이 죄를 범하였으매 하나님의 영광에 이르지 못하더니(롬 3:23)

이처럼 우리는 모두 죄인이며, 매순간 죄를 저지른다. 그러므로 우리는 자신의 행위로는 거룩하신 하나님께 절대로 갈 수 없는 존재다.

우리를 위해 하나님 자신이 영원한 죄의 대가를 치르신 것을 믿지 않는 한 하나님께 나아가기란 불가능하다.

한편, 성경은 거짓말을 피할 수 없는 우리에게 피할 길을 하나 제시한다.

> 너는 그의 말씀에 더하지 말라 그가 너를 책망하시겠고 너는 거짓말하는 자가 될까 두려우니라(잠 30:6)

바로 성경 말씀에 더하지 않는 것이다.

그러나 유신론적 진화론, 점진적 창조론, 다중격변설, 간격이론 등 타협이론을 주장하는 사람들은 하나님의 말씀에 너무나 많은 것을 더했다. 그러면 거짓말이다. 타협이론을 만든 동기가 어떠했든지, 모르고 했든지, 그것이 더 지혜롭다고 생각했든지, 혹은 자신들의 이론을 받아들여야 다음 세대를 교회에 남겨둘 수 있을 것이라고 생각했든지, 그들의 모든 시도는 하나님 앞에서 거짓말이 된다. 그리고 실제로 그들이 만든 타협이론은 진리인 하나님의 말씀에 너무 많은 것을 더하고 뺐기 때문에, 그들의 예상과는 달리 어리석은 것이었으며 결국 다음 세대를 교회에서 떠나게 하였다.

우리가 예수님의 말씀을 부끄러워하면, 예수님도 우리를 부끄러워하신다고 했다.

> 누구든지 이 음란하고 죄 많은 세대에서 나와 내 말을 부끄러워하면 인자도 아버지의 영광으로 거룩한 천사들과 함께 올 때에 그 사

람을 부끄러워하리라(막 8:38)

그런 면에서 타협이론은 진화론보다 훨씬 더 위험하다. 타협이론은 교회 밖이 아닌 성경을 맡은 '교회 안에서' 성경이 틀렸다고 말하며 그 말씀을 부끄러워하기 때문이다.

타협이론은 진화론 자체가 담고 있는 과학적 문제점만 교회 안으로 끌고 들어오는 것이 아니라 실제 역사를 진화 역사로 바꾸어 놓는 무서운 오류를 끌고 들어온다. 앞서 살펴본 바와 같이 타협이론은 필연적으로 성경 역사를 바꾸어 복음을 왜곡시킨다. 타협이론을 따르면 이런 모순을 피할 수 없다. 그리고 창세기는 옛날 전설이나 시로 전락하고 만다.

첫 범죄 이후 사탄이 우리에게 유혹을 멈춘 적은 한순간도 없었다. 교회와 과학자도 예외가 아니다. 사탄의 궁극적인 목적은 우리로 하여금 예수 그리스도의 신앙을 갖지 못하게 하는 것이다. 사탄이 가장 일반적으로 쓰는 방법은 하나님과 인간 사이에서 자신이 행한 과거 역사를 숨기는 것이다. 즉 성경을 사실의 기록으로 믿지 않도록 만드는 것이다. 성경을 믿지 않으면 자연스럽게 예수님을 떠나게 되기 때문이다.

우리에게는 과거 거기 계셨던 예수님이 계시해 주신 진짜 역사책이 있다. 성경책이 어떤 과정을 통해 내 손에 들어왔던가? 창조주 예수님이 핍박과 십자가의 고통을 받으셨고, 우상으로 가득 차 있던 조선 땅에 수많은 선교사들이 찾아와 고초를 겪으며 아슬아슬하게 말씀을 전했고, 믿음의 선배들이 성경에 대한 식지 않는 열정을 보여 줌으로써 성경이 내 손에까지 들어올 수 있었다. 이토록 어려운 과정을 통해 진리를 알게 되었다.

그런데 교회들이 진짜 역사에 거짓을 섞으려는 시도에 미혹되어 분별력을 잃어 가고 있다. 우리와 다음 세대가 그리스도를 향한 진실함과 깨끗함에서 멀어지지 않도록, 교회가 부패하지 않도록 어느 때보다 각고의 노력을 해야 한다. 지금은 다른 것들이 아닌 오직 성경으로 돌아가야 할 때다.

> 4 우리의 싸우는 무기는 육신에 속한 것이 아니요 오직 어떤 견고한 진도 무너뜨리는 하나님의 능력이라 모든 이론을 무너뜨리며 5 하나님 아는 것을 대적하여 높아진 것을 다 무너뜨리고 모든 생각을 사로잡아 그리스도에게 복종하게 하니(고후 10:4~5)

부록

01

지질계통표[49] 탄생의 역사

과학 교과서는 지구의 나이가 약 46억 년 정도 되었다고 말한다. 46억 년이란 까마득한 수치가 어떤 근거에서 나왔을까? 그동안 한 번도 변하지 않은 수치일까? 앞으로도 변하지 않을 수치인가? 오늘날 모든 과학자가 이 수치에 동의할까?

지구의 연대 측정은 지질학의 한 분야다. 어떤 면에서 지질학 역사가 곧 지구의 나이에 관한 이론의 역사라고 해도 틀린 말이 아닐 것이

49 지질학자들은 지질계통(geologic system)과 지질시대(geological time)를 순서를 말하느냐 아니면 시간을 말하느냐에 따라 용어를 구분하여 사용한다. 앞에서는 지질시대로 통일했지만, 지질학 역사를 다룬다는 점에서 여기에서는 내용상 더 적합한 지질계통을 용어로 사용했다.

다. 그러므로 지구의 나이를 논할 때, 지질학의 변천사에 관한 이해가 도움이 될 것이다. 이 책의 앞부분에 이미 지질계통표가 탄생한 배경을 개략적으로 다루었으나, 여기서는 역사적으로 비교적 자세히 다룰 것이다.

근대 지질학의 출발

일반적으로 근대 지질학은 해부학자 스테노(Nicholaus Steno, 덴마크, 1638~86)로부터 시작되었다. 개신교 부모에게서 태어나 가톨릭 신자가 된 그는 지층을 통해 과거를 알 수 있다고 여겼다. 그는 지층들이 창세기 1~11장의 실제 역사를 확인시켜 줄 것으로 믿었다.

스테노는 지층의 기본 원리를 다음과 같이 정리했다(1667년).[50]

1. 대부분의 지층은 거대한 물에 의해 한 번에 운반된 퇴적물이다.
2. 해양 퇴적과 담수 퇴적은 구분된다.
3. 지층이 쌓인 순서가 지층의 상대적 순서를 나타낸다.
   즉 아래 지층이 위 지층보다 오래되었다.
4. 퇴적 지층은 퇴적할 당시에는 수평이었다.
5. 수평이 아닌 지층은 퇴적한 이후에 변형된 것이다.

50 C.A. Ronan, *Cambridge History of the World's Science*, Cambridge University Press, Cambridge, 1983, p. 390.

이것은 근대 지질학의 기초가 되었고, 교실에서 지금도 비슷한 원리로 지질학을 가르치고 있다. 스테노는 지구의 나이가 6,000년쯤 되었다고 믿었으며 화석과 퇴적 지층은 성경의 홍수 심판 때 형성되었다고 말했다(1669년). 스테노에 이어 신학자 버넷(Thomas Burnet, 영국, 1635~1715)이 영향력 있는 책 《지구의 두려운 이론》(Scared Theory of the Earth, 1681)을 출판했다. 여기서 그는 지질학보다는 성경, 특히 전 지구적인 홍수 심판에 관해 논했다. 그는 지구가 수천 년 되었다고 믿었지만, 창세기 1장의 시간을 한 해 또는 더 긴 시간으로 여겼다. 이어서 내과의사 우드워드(John Woodward, 영국, 1665~1728)가 자신의 책[51]에서 지층과 화석 형성을 설명하는 데 홍수 심판 사건을 내세웠다. 그는 지층과 화석의 순서가 퇴적물과 화석의 비중에 의해 결정된다고 말했다.아이작 뉴턴(Isaac Newton, 영국, 1643~1727)의 계승자이자 수학자인 휘스턴(William Whiston, 영국, 1667~1752)도 이 같은 생각에 동의했다. 그러나 그도 창세기 1장이 한 해 동안에 일어났다고 여겼다. 캐트코트(Alexander Catcott, 영국, 1725~79)도 창세기의 전 지구적인 홍수 심판을 옹호하기 위해 지질학적 주장을 펼쳤다.[52]

많은 주장 가운데 가장 주목할 만한 주장을 내놓은 사람은 광산광물학 교수 레만(Johann Lehmann, 독일, 1719~67)이었다. 그는 독일의 산들을 주의깊게 연구한 결과, 암석이 다음 세 그룹으로 분류됨을 발견했다.[53]

1. 가장 아래에 화석을 포함하지 않고 심하게 경사진 지층이 있다.

---

51 John Woodward, *An essay toward a natural history of the earth*, 1695.

52 Terry Mortenson, ***The Great Turning Point***, Master Books, 2004, p. 26.

53 Terry Mortenson, "The Historical Development of the Old-Earth Geological Timescale", *Answers in Depth*, Vol. 2, 2007, pp. 120-137.

스테노(Nicholaus Steno)

레만(Johann Lehmann)

2. 그 위에 수평으로 놓인 지층에 화석이 묻혀 있다.
3. 그리고 그 위에 덜 단단한 암석층이 놓여 있다.

지층 구분 자체만으로 볼 때, 레만의 분류는 오늘날 창조과학자들의 성경적 구분과 기본적으로 일치한다는 점에서 흥미롭다. 성경적 기초로 볼 때 하나님이 세상을 창조하셨을 때 땅은 화석이 존재하지 않는 기반암이었으며, 그후 홍수 격변을 통해 형성된 지층이 기반암 위를 덮었다. 그때 매몰되었던 생물의 잔해인 화석이 격변을 통해 형성된 지층에 존재하며, 홍수 이후에 일어난 빙하시대나 국부적 홍수 때 형성된 비교적 소규모의 지층들이 그 위에 지역적으로 덮였을 것이다. 즉 다음과 같이 구분할 수 있다.[54]

1. 맨 아래 창세기 1장 창조 때의 땅
2. 그 위의 홍수 심판 때 형성된 지층
3. 맨 위의 홍수 이후에 형성된 지층

54 이재만, 《노아홍수 콘서트》, 두란노, 2009, p. 119-125.

이 분류를 보는 관점은 매우 중요하다. 이 구분이 성경적 구분과 일치함에도 불구하고 오랜 지구 이론이 펼쳐질 지질시대표의 시작이라고 할 수 있기 때문이다.

지질계통표란 소위 오래된 하부시대부터 고생대, 중생대, 신생대 식으로 부르며, 간단한 해양 무척추동물부터 고등동물과 인간에 이르기까지 진화의 순서에 따라 지층의 순서를 정해 놓은 표다.

레만이 지층을 분류했을 때는 아직 진화론적 사고가 없었고 오랜 지구 이론도 없었다. 실제로 당시 레만의 분류는 제대로 관찰하여 얻은 올바른 해석이었다. 그러나 이후 250년간 많은 지질학자가 이 기본 틀에 여러 긴 시대를 삽입하여 조정하고 수정함으로써 지구를 막연히 오래된 존재로 바꾸어 버렸다.

1750년대까지는 지질학에 흥미를 가졌던 대부분 사람들이 격변에 의해 지층과 화석이 형성되었다고 주장했으며, 특히 성경에 기록된 홍수 심판과 격변이 서로 관련 있다고 생각했다. 그러나 당시에는 지질학이 학문적으로 자리 잡았다고 하기엔 아직 어수룩한 단계였다.

앞에 언급한 사람들은 모두 성경을 믿었지만, 17세기부터 확산된 '나는 생각한다. 고로 존재한다'는 계몽주의 영향을 받았기 때문에, 자기 해석을 부분적으로 성경보다 우위에 놓는 자세를 보이기도 했다.

오랜 지구 이론의 시작

1750년대가 넘으며 유럽의 계몽주의적 사고는 지구의 역사를 해석

뷔퐁(Comte De Buffon)

라플라스(Pierre Simon Laplace)

라마르크(Jean Baptiste Lamarck)

하려는 사람들에게 더 깊은 영향을 주기 시작했다. 점차적으로 지구의 연대가 성경의 기록보다 훨씬 더 오래되었을 것이라는 생각이 늘어갔다. 나아가 성경의 홍수 심판을 부정하는 분위기까지 일어났다. 특히 이런 분위기는 프랑스에서 먼저 주도되었다.

게타르(Jean-Etienne Guettard, 프랑스, 1715~86), 데마레(Nicholas Desmarest, 프랑스, 1725~1815), 와이트허스트(John Whitehurst, 영국, 1713~88), 아르뒤노(Gionanne Arduino, 이탈리아, 1714~95) 등은 성경의 홍수 심판을 부정하거나 그 심판이 지질학적 기록에는 거의 영향을 끼치지 않았다고 주장하며, 지구가 성경 기록보다 훨씬 오래되었다고 여겼다.[55]

그들 중 아르뒤노는 앞에서 언급한 레만의 세 가지 지층 분류를 원시층(Primitive), 제2층(Secondary), 제3층(Tertiary)으로 수정했다(1759년).

프랑스에서 세 명의 과학자가 오랜 지구 이론을 펼쳤는데, 당시에 지질학, 천문학, 생물학 분야에서 유력한 자리에 있던 자들이다. 지질학에서 뷔퐁이 지구가 혜성과 태양으로부터 왔다는 진화론적 가설을

55 M.J.S. Rudwick, *The Meaning of Fossils*, University of Chicago Press, Chicago, 1985, pp. 1-93, 119.

발표하며, 지구의 나이가 75,000년이 넘을 것으로 가정했다(1778년).

천문학계의 라플라스가 오랜 시간에 걸쳐 뜨거운 물질이 가스구름으로 뭉쳐 형성된 것이 태양계라는 성운가설(nebular hypothesis)을 발표하였다(1796년). 나중에 전자기학의 아버지 맥스웰(James Maxwell, 스코틀랜드, 1831~79)이 성운가설은 수학적으로 불가능하다고 반박했다.

생물학에서는 라마르크가 환경에 적응하고자 획득한 형질이 다음 세대에 유전되어 진화가 일어난다는 용불용설(Theory of Use and Disuse)을 주장했다(1809년).[56]

오늘날 지구생성론, 성운가설, 용불용설 세 가지 이론은 결코 과학적이지 않을 뿐만 아니라 반대이론이 제기되면서 폐기되기까지 했으나 당시 과학계에 지구와 생물이 오랜 세월에 걸쳐 지금의 모습을 갖추게 되었다는 막연한 생각을 심어 주는 계기가 되었다. 또한 세 학자 모두 자기 분야에서 명성을 갖고 있던 사람들이었고, 지질학, 천문학, 생물학의 기원분야에 동일하게 긴 기간을 적용함으로써 마치 오랜 역사가 통일된 이론처럼 받아들여지게 했다.

세 가지 이론은 훗날 지질학에서 동일과정설, 천문학에서 대폭발이론, 생물학에서 진화론이 탄생하는 데 초석이 되었다.

1780~1820년은 지질학의 '영웅시대'로 불린다. 이때부터 지질학이 과학의 독립적인 분야로 자리매김하게 되었는데, 지질학자들이 많은 관찰을 통해 암석을 체계적으로 배열하는 시도를 했다. 그리고 지질학 분야의 첫 학회로 런던지질학회가 설립되었다(1807년).

56 Terry Mortenson, ***Where did the idea of 'millions of years' come from?*** in the book, war of worldview, Answers In Genesis, p. 79-93, 2005.

동일과정설 분위기의 태동

이 시기에 무엇보다 중요한 가설이 하나 등장하였는데, 바로 동일과정설(Uniformitarianism)이다. 동일과정설이란 한마디로 자연주의 철학을 지질학에 접목시킨 것이라 할 수 있다. 즉 현재 일어나는 자연 과정이 과거에도 동일하게 발생했을 것이라는 이론이다.

그와 반대되는 이론은 격변설(Catastrophism)인데, 과거에 지금과는 전혀 다른 자연 과정이 있었다는 이론이다. 창세기의 홍수 심판을 격변적 사건의 예로 들 수 있다.

동일과정설의 분위기를 만드는 데는 두 명의 리더가 중요한 역할을 했다. 한 사람은 베르너(Abraham Werner, 독일, 1749~1817)이고, 다른 한 사람은 허턴(James Hutton, 영국, 1726~1797)이다.

베르너는 당시 가장 영향력 있는 지질학자였으며 프라이부르크 광산전문학교에서 40년간 광물학을 가르치며 학생들에게 큰 존경을 받았다. 그는 지층의 퇴적 과정이 수백만 년에 걸쳐 형성된다고 설명하였다. 또한 대부분의 지표는 퇴적물이 화학적, 물리적으로 대양 바닥에 오랜 기간 침전되었다가 또 오랜 기간 융기하여 형성되었다고 설명했다(1786년). 그의 생각은 어떤 격변도 배제하였기 때문에 격변을 통해서 지표의 변화를 설명하던 이전 지질학자들보다 지구를 훨씬 더 오래된 것으로 간주하게 되었다.[57]

또한 아르뒤노가 구분한 세 개 지층 구분을 받아들여서 다섯 개 계

---

57 John K. Reed and Michael J. Oard, "Three early arguments for deep time-part 3: the 'geognostic pile'", *Journal of Creation*, 26(2), 2012, p. 100-109.

통(series)으로 더 세분화했다. 당시 그의 구분을 반대하는 자들이 많았지만, 지층의 역사가 수백만 년에 걸쳐 일어났다는 주장에는 저항이 없었다.

물을 강조했던 베르너와는 달리 허턴은 불을 강조했다. 그는 바다로 운반된 퇴적물들이 지구 내부의 열에 의해 천천히 변형되었다가 나중에 융기하여 오늘날의 육지가 형성되었으며, 이들이 침식되어 바다로 흘러 들어갔다가 다시 융기해서 새로운 대륙이 형성되었다고 주장했다(1795년).

그의 주장은 앞으로 펼쳐질 동일과정설의 초기 형태로 볼 수 있다. 그는 전 지구적 역사를 통해 암석의 모든 기록은 현재 일어나는 속도와 동일하게 침식, 퇴적, 지진, 화산폭발로 설명할 수 있다고 믿었다.[58]

허턴이 끼친 또 하나의 독특한 영향은 지구 역사를 침식-퇴적-운반이라는 시작도 없고 끝도 없는 순환의 역사로 만들어 버린 것이다. 그의 이론은 지구가 정확한 모습을 갖춘 창조의 산물이라는 개념이 들어갈 여지를 모두 없애 버렸다.

당시 수학자이자 목사였던 플레이페어(John Playfair, 영국, 1748~1819)는 허턴의 이론이 뉴턴의 행성운동 법칙과 유사하다고 하며 그의 이론을 지지했다. 또한 그는 홍수 심판은 격변 없이 조용했다고 주장했다. 플레이페어는 성경은 인류 역사만을 말할 뿐 지구 전체 역사를 말하지는 않는다고 주장하며 무신론적 사고를 하는 허턴을 크리스천들로부터 변호해 주었다.[59]

58 John K. Reed, "St Hutton's Hagiography", *Journal of Creation* 22(2), August, 2008, p. 121-127.

59 Terry Mortenson, *The Great Turning Point*, Master Books, 2004, p.28.

독특하게도 베르너나 허턴 모두 지층 속의 수많은 화석에는 주목하지 않았다. 실제로 화석은 사체가 부패하기 전에 갑작스런 매몰에 의해서 형성되므로 오늘날 일어나는 자연 과정으로는 그 형성을 설명하기가 어렵다. 모든 화석은 지층 속에 갇혀 있기 때문이다.

만약에 그들이 화석에 주목했더라면 지층을 오랜 시간에 걸쳐 형성된 작품으로 여기지는 않았을 것이다. 그들에게 화석은 이미 오랜 기간의 산물이라는 지질학적 사고가 자리 잡았기 때문에 눈에 들어오지 않았거나 아니면 자기 이론을 피력하기 위해서 무시해 버렸는지도 모른다. 어쨌든 그들은 화석에 관해 아무런 언급도 하지 않았다.

격변론자들의 자세

그렇다면 당시 모든 지질학자가 지구를 동일과정설로만 해석했을까? 그럴 리가 없다. 왜냐하면 앞서 언급했던 것처럼 화석과 지층뿐 아니라 이를 포함한 지질학적 증거들이 오늘날과 같은 자연 과정으로는 형성될 수 없는 '격변'을 요구하기 때문이다.

격변론자로 가장 유명한 지질학자는 스미스(William Smith, 영국, 1769~1839)다. 그는 원래 배수공학자였으나 화석과 지층에 매료되어 수년간 야외 조사를 실시했으며 그 결과물로 지질분포도를 그렸는데 그것이 영국과 웨일스의 첫 번째 지질도다. 그는 특히 유사한 화석의 비교를 통해서 상대적인 지층의 순서를 정했다. 그런 이유로 훗날 '영국 층서학의 아버지'라는 명예를 얻었다.

그는 자갈, 점토, 모래 등이 지표면에 뿌려지기 위해서는 전 지구적인 홍수가 필요하다고 믿었다. 그러나 화석으로 지층 순서를 비교함으로써 오랜 지구 연대를 믿게 하는 계기를 마련했으며, 개인적으로도 모든 퇴적물과 화석들이 성경의 홍수 심판 이전에 형성된 것으로 믿고 있었다.

실제로 화석의 위치는 시대가 아닌 그 생물이 매몰된 위치를 나타낼 뿐이지만 스미스는 생물이 살았던 시기로 해석함으로써, 나중에 진화론적 지질계통표를 만드는 중요한 계기로 작용했다. 오랫동안 여러 번의 대규모 격변적 홍수가 초자연적으로 일어났으며, 그때마다 하나님이 매번 새로운 형태의 생물을 창조하셨다고 믿었다.

또 다른 유명 격변론자는 비교해부학자이자 척추고생물학자인 퀴비에(Georges Cuvier, 프랑스, 1769~1832)다. 그는 《지구의 이론》(*Theory of the Earth*, 1813)에서 격변론을 체계화했는데, 20년간 여러 개정판이 나올 정도로 인기를 끌었다. 그는 신실한 크리스천이었으며, 라마르크의 용불용설을 강하게 비판하기도 했다. 그러나 스미스와 마찬가지로 여러 번의 격변적 홍수가 있었다고 생각했으며 홍수 심판이 약 5,000년 전에 발생했지만, 지구 역사는 6000년보다 훨씬 길다고 믿었다.

이들 시대에 일어난 중요한 사건은 앞서 언급했던 런던지질학회의 설립이다(1807년). 회원 13명이 모여 설립했는데, 모두 부유했으나 지질학적 지식이 거의 없었다. 아쉽게도 그들 모두는 오랜 지구 이론에 동의하는 입장이었다. 이는 오랜 지구 이론을 주장하는 지질학자들에게 더 많은 연구 기회가 주어지는 환경을 제공했다.

여기서 발견하게 되는 것은, 격변론을 주장하며 오랜 지구 이론을

스미스(William Smith)

퀴비에(Georges Cuvier)

라이엘(Charles Lyell)

받아들이면 결국 성경 역사를 인위적으로 바꾸게 된다는 점이다. 마음속으로 여러 번의 격변을 그리면 그릴수록 단 한 번의 전 지구적 홍수를 기록한 성경의 신뢰를 떨어뜨리는 결과를 초래했다.

실제로 이런 식의 격변이 여러 번 있었다고 주장한 많은 크리스천이 결국 격변론을 버리고 동일과정설로 옮겨가고 말았다. 예를 들어, 성공회 목사이자 지질학 교수였던 버클랜드(William Buckland, 영국, 1784~1856)는 홍수 심판에 관해 많은 변론을 펼쳤고, 스미스와 퀴비에의 뒤를 이어 격변론을 따랐으나, 1830년 초에 홍수 심판은 지질학적으로 중요하지 않다는 쪽으로 입장을 바꾸었다. 그는 그 이유를 "성경 기록이 실수에 취약하지만, 암석은 신실하고 변질되기 어렵기 때문"이라고 말했다. 특별계시보다 일반계시를 우위에 놓는 우까지 범한 것이다.

케임브리지대학의 세지윅(Adam Sedgwick, 영국, 1785~1873)은 성공회 목사이자 지질학자였는데 그 역시 여러 번의 격변을 믿었으나 그것이 성경과 모순되지는 않는다고 주장했다. 그러나 결국 1831년에 공개적으로 격변설에 관한 자신의 관점을 철회하고, 동일과정설을 수용했다.

이런 분위기에서 1820년대에 영국과 북미의 지질학자, 목회자들이 오랜 지구 이론을 무분별하게 받아들이게 되었다.

동일과정설의 출정과 지질계통표의 조율

1830~1833년 격변론에 강력한 일격이 가해졌는데, 버클랜드의 제자이자 변호사였던 라이엘이 《지질학의 원리》를 출판한 것이다. 라이엘은 극단적인 동일과정설에 기초를 둔 지질학적 방법을 택했다. 즉 오늘날의 침식, 퇴적, 화산 활동과 동일한 강도와 빈도로 과거 지질학적 활동을 해석하려고 한 것이다. 그는 성경의 홍수 심판이 어떤 지질학적 사건에도 영향을 주지 않은 것으로 인식시켰을 뿐 아니라, 자신을 "지질학의 영적인 구원자며 모세의 낡은 세대로부터 과학을 해방시킨 자"로 여겼다.[60]

라이엘은 베르너의 지질계통표를 더 잘게 나누었고(1833년), 1872년에 이를 정리하여 지금 우리가 사용하는 지질계통표의 기본 틀을 만들었다. 찰스 다윈의 《종의 기원》이 이미 출판된 뒤였기 때문에 지질계통표는 진화론의 영향을 받았을 뿐 아니라 진화 순서를 정하고 지지하는 중요한 역할까지 맡게 되었다.

이때부터 지질계통표의 고생대, 중생대, 신생대라는 용어를 사용했으며, 진화론자들은 이를 더 세분하여 고생대는 캄브리아기, 실루리아기, 데본기, 석탄기, 페름기로, 중생대는 트라이아스기, 쥐라기, 백악기

---

60 Roy Porter, "Charles Lyell and the Principles of the History of Geology", *British Journal for the History of Science* 9 (2), 1976, p. 91-103.

로, 신생대는 전3기와 후3기로 나누었다.[61] 그리고 20세기로 접어들기 전에, 지층 연대 측정법이 없는 상태에서 이미 모든 지질학자가 지구의 나이를 수억 년으로 간주했다.

당시 어느 누구도 아주 오랜 지구를 믿는 이유를 제시하지 못했는데도 지질학자들이 늘어감에 따라 라이엘이 만든 원리와 지질계통표에 화석을 끼워 맞추는 시도가 빠르게 확산되었다. 1900년도 중반에 고생대 캄브리아기와 실루리아기 사이에 오르도비스기를 끼워 넣었고, 신생대 후3기를 제4기로 명명하였다.

지질학자들은 지금까지도 그 기본 틀의 굴레에서 지질시대를 더 잘게 나누기를 멈추지 않고 있다. 이처럼 진화의 역사를 보여 주는 지질계통표는 지구 어딘가에서 통째로 발견된 것이 아니라 까마득히 오랜 세월 동안 진화가 일어났다는 편견에서 나온 것으로 흩어져 있던 화석들을 모아서 발전시킨 창작품일 뿐이다.

화석이 지질계통표 순서대로 고스란히 발견된 곳은 지구상 어디에도 없었다는 점은 그동안 창조과학자들이 수없이 지적했던 바다. 또한 화석은 대부분 기존 지역에서 진화 순서대로 발견되지 않는다. 실제로 지층 시대를 결정하는 데 사용되어 왔던 표준화석들은 시간이 지나면서 화석의 순서가 역전되어 발견되기도 하므로 표준으로서의 가치가 점점 상실되고 있다.

여기에는 지질학의 학문적 한계가 한몫하기도 했다. 왜냐하면 지질학이란 지역 학문으로서 엄청나게 큰 규모의 지구에서 일어나는 사례,

---

61 Terry Mortenson, "The Historical Development of the Old-Earth Geological Timescale", *Answers in Depth*, Vol. 2, 2007, pp. 120-137.

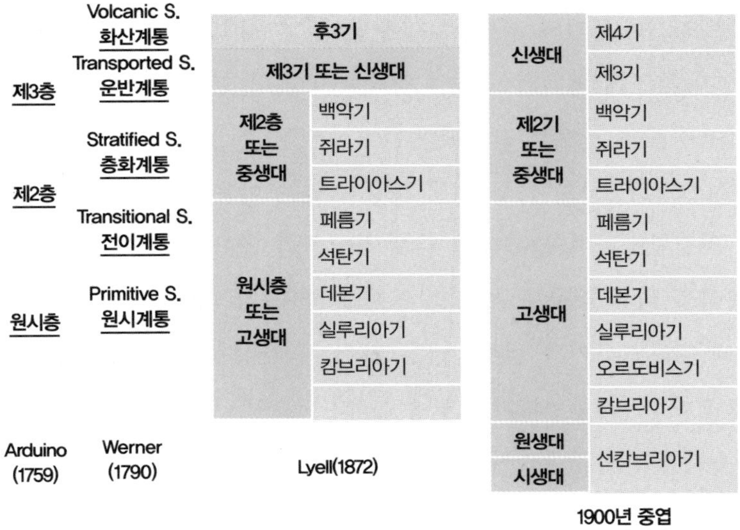
Volcanic S.
화산계통
Transported S.
운반계통
제3층
Stratified S.
층화계통
제2층
Transitional S.
전이계통
Primitive S.
원시계통
원시층
후3기
제3기 또는 신생대
제2층 또는 중생대
백악기
쥐라기
트라이아스기
원시층 또는 고생대
페름기
석탄기
데본기
실루리아기
캄브리아기
신생대
제4기
제3기
제2기 또는 중생대
백악기
쥐라기
트라이아스기
고생대
페름기
석탄기
데본기
실루리아기
오르도비스기
캄브리아기
원생대
시생대
선캄브리아기
Arduino (1759)
Werner (1790)
Lyell(1872)
1900년 중엽

지질계통표의 변천

즉 자기가 접하는 제한적인 지역을 넘어 다른 지역의 사례들을 확인하는 것이 아주 어렵기 때문이다. 또한 지역 조사를 통해 모든 화석을 보았다고 자신할 수도 없다. 즉 자기가 연구하는 지역의 사례만을 가지고 모든 곳에 적용되는 보편성을 부여하기란 무척 어렵다는 뜻이다.

예를 들어, 어떤 지역에서 화석이 발견된 순서가 다른 지역에서는 바뀔 가능성이 충분히 있을 뿐만 아니라 실제로도 그렇다. 그런데도 대부분의 지질학자들은 동일과정설과 진화론이라는 사고 틀 안에서 자기가 본 좁은 지역이 지구 전체 역사를 보여 줄 것이라고 믿었던 것이다.

한편, 라이엘의 책이 빠른 속도로 확산되기는 했지만, 홍수 심판이 지질학적으로 중요하다고 믿는 격변론자들이 바로 사라진 것은 아니었다. 당시 '성서적 지질학자'로 불리던 크리스천 그룹은 팸플릿, 논문, 책 등을 통해 라이엘의 생각에 관한 문제점을 성경적, 지질학적, 철학적으로 지적했다. 그들 중에는 과학자와 목회자가 있었고, 목회자이자 과학자인 사람들도 있었다.

그들은 하나님이 약 6,000년 전에 엿새 동안 세상을 창조하셨고, 홍수 심판은 성경 기록대로 1년 여에 걸쳐 일어난 전 지구적 격변이라는 성경 기록을 가감 없이 믿었다. 이들이 오랜 지구를 믿는 사람들에게 비평을 가하는 방법은 오늘날 창조과학자들이 하는 것과 크게 다르지 않았다. 그러나 그들의 주장은 대부분 무시되었고, 결국 동일과정설과 진화론이 교과서에 실리게 되었다.

1903년과 1906년에 방사성의 법칙을 연구한 유명 물리학자 러더퍼드(Ernest Rutherford, 뉴질랜드, 1871~1937)는 암석의 나이를 측정하는 데 동위원소를 사용할 수 있을 것으로 여겼다. 1930년대 지질학자 홈스(Arthur Holmes, 영국, 1890~1965)가 지구의 나이를 20억 년으로 늘렸고[62], 오늘날에는 46억 년까지 올라갔다. 그러나 막연히 긴 지구의 역사는 자연주의, 동일과정설, 진화론이라는 패러다임 아래에서 선택적으로 얻어진 수치일 뿐이다. 선택 과정은 다음의 부록 2에서 다룰 것이다.

동일과정설이 맞닥뜨린 두 가지 저항

1800년에 지질학에 불기 시작한 동일과정설 바람은 100여 년간 거침없이 지속되는 듯했다. 그러나 1900년 후반으로 접어들면서 중요

62 Ibid.

한 두 가지 저항을 맞게 된다. 첫 번째는 젊은 지구 창조운동이다. 이는 위트콤(John Witcomb, 미국, 1924~)과 모리스(Henry M. Morris, 미국, 1918~2006)의 《창세기 홍수》(1961년)가 출판되면서 시작되었는데, 성경과 과학적 근거를 통해 기원과 홍수 심판을 변론했다.[63] 그 이후로 창조론자들은 더욱더 정교하게 이론을 다져 나갔고 기존 동일과정설, 진화론, 지질계통표, 연대 측정법 등의 불가능성과 문제점을 집요하게 지적했다.

이와 비슷한 시기에 몇몇 세속적 지질학자들도 동일과정설에 의문을 품기 시작했다. 그리고 다시 격변론을 옹호하기 시작했다. 이들은 1800년 초의 격변론자들의 생각으로 돌아갔다는 의미에서 '신격변론자'(neo-catastrophists)로 불린다.[64]

그들은 기존에 느리다고 생각했던 과정들을 빠르고 격렬한 격변적 홍수로 재해석하기 시작했다. 그러나 수십억 년의 지구 나이와 지질계통표를 여전히 버리지 못하는 한계가 있었던 것이 사실이다. 그럼에도 그들 연구 결과의 추세로 볼 때 지층, 화석, 석탄, 산 모양 등에서 그들이 상상했던 것보다 훨씬 큰 에너지가 필요한 대격변 쪽으로 향하고 있다는 것도 사실이다.

동일과정설 지질학자들이 이러한 변화에 어떤 자세를 취할지, 그리고 신격변론자들의 종착역이 어디일지 지켜볼 일이다. 그들이 1800년 초보다 더 이전에 단 한 번의 격변을 주장하던 때로 돌아가기를 기대하며 우리 스스로의 노력을 다질 필요가 있다.

---

63 John C. Whitcomb and Henry M. Morris, *The Genesis Floods: Theological Record and it's Scientific Implications*, Presbyterian and Reformed Publication, 1961.

64 Derek Ager, *The New Catastrophism: The Importance of the Rare Event in Geological History*, Cambridge University Press, 1993.

02

수십억 년의 연대가 나오기까지 숨어 있던 이야기

현대 지질학자들이 사용하는 방사성 동위원소 연대 측정법의 결과가 정확하다고 생각하는 사람이 많다. 각 지층이 수백만에서 수십억 년을 가리키므로 지구도 그만큼 오래되었으리라는 추정에 믿음을 준다.

그러나 논문에 긴 연대들이 실리기까지 수많은 전제와 편견으로 선택의 과정을 거쳤다는 사실을 아는 사람은 거의 없다. 선택의 여러 과정 가운데 몇 가지를 다루어 보고자 한다.

지질시대표를 사실로 받아들이다

기본적으로 진화론자들은 고생대, 중생대, 신생대 식의 수십억 년의 지질시대표가 과거 역사라고 의심 없이 받아들이며 신뢰한다. 이것이 그들이 연구 대상을 대하는 첫 단계이며 가장 큰 전제라고 할 수 있다. 지질시대의 구분은 기본적으로 1872년에 이루어졌지만, 실제로 지구상에 지질시대는 존재하지 않는다. 단지 지구상에서 발견된 화석들을 다 모아 진화론적 순서로 책에 실은 가상 진화표일 뿐이다.

역사적으로 볼 때, 방사성 동위원소 연대 측정법은 1900년 중엽에야 등장했으므로 화석의 나이를 측정하는 방법도 없던 시대에 순서를 정했던 것이다. 그럼에도 불구하고, 1900년에 접어들면서 이미 지질학자들은 지질시대표를 보며 지구가 수십억 년 되었다고 여겼으며 이는 지질학계에서 돌이키기 힘든 거대한 전제가 되어 버렸다.

연대 측정 방법의 선택이 낳은 순환논리

방사성 동위원소들은 각각 반감기가 있다. 기존 원소가 다른 원소로 변하여(과학자들은 이런 변화를 '붕괴'라고 표현한다) 반으로 줄어드는 속도를 반감기라 한다. 원소에 따라 1초도 안 되는 아주 짧은 반감기에서부터 수백억 년이나 되는 아주 긴 것까지 범위가 다양하다.

지질학에서 연대 측정에 사용되는 원소를 예로 들자면, ^{14}C-^{14}N의 반감기는 5,730년이다. 즉 어떤 동식물이 죽은 지 5,730년이 지나면 그 유기물에 ^{14}C의 양이 반만 남아 있게 된다는 뜻이다. 지질학자들은 그 남은 ^{14}C의 양으로 연대를 결정한다. 유기물에 ^{14}C의 양이 많으면 죽은 지 얼마 안 된 것이며, 적으면 적을수록 그만큼 오래된 것으로 판단된다.

한편, 화성암(용암에 기원을 둔 암석)을 측정하는 데 사용하는 원소의 반감기를 보면 Rb-Sr은 49억 년, U-Pb은 45억 년, K-Ar은 12.5억 년 등으로 아주 길다. 수십억 년의 아주 긴 반감기는 Rb, U, K 등의 붕괴 속도가 그만큼 매우 느림을 의미한다. 수십억 년이라는 기간은 상상할 수 없을 정도로 아주 느리게 흘러가는 시간이다. 즉 긴 반감기를 가진 원소들은 수천 년이 지나도 그 양의 변화가 거의 없다는 뜻이다.

이런 이유 때문에 반감기가 짧은 원소는 젊은 연대로 여기는 것들을 측정할 때 사용하며, 긴 반감기를 가진 원소들은 오래되었다고 가정하는 것들을 측정하는 데 사용한다. 예를 들어, ^{14}C 방법은 5~7만 년 정도 지나면 그 유기물에 측정 가능한 ^{14}C가 남아 있기가 어려우므로 7만 년보다 젊다고 여기는 것들을 측정할 때 사용한다. 한편, 반감기가 긴 Rb, U, K 등은 수백만 년보다 오래되었다고 짐작하는 암석을 대상으로 선택적으로 사용한다.

이처럼 '어떤 연대 측정법을 선택하느냐'에 따라 암석의 나이가 지질시대표의 어디쯤에 해당되는지가 결정되는데, 이것이 두 번째 전제다. 다시 말해, 측정 대상의 가정 연대에 따라 측정 방법을 결정하는 것이다. 문제는 암석의 실제 나이와 무관하게 측정에 사용된 원소의 반감기가 짧은가 긴가에 따라 결과 역시 짧거나 길게 나온다는 것이다. 이런 결과가 나오는 이유는 연대 측정의 기본 가정 중에 초깃값의 문제에 크게 좌우되기 때문이다.

방법의 한계상 암석에 있는 방사성 원소의 처음 양을 알 수가 없고, 붕괴 결과 생성되는 원소도 처음부터 얼마나 포함되어 있었는지 또는 아예 없었는지를 알 수 없으므로 계산을 위해서는 몇 가지 가정을 해야 한다. 그러니 초깃값 가정이 잘못 설정되면, 그 남은 양을 가지고 계산하는 연대 역시 틀릴 수밖에 없다.

젊다고 여기기 때문에 짧은 반감기의 원소로 측정하고, 그때 나온 젊은 연대의 결과를 수용한다. 반대로 오래되었다고 생각하면 긴 반감기의 원소로 측정하여 오랜 연대의 결과를 수용한다. 이처럼 자기가 예측한 것과 비슷한 결과를 얻게 되기 때문에 애초에 가졌던 전제를 망각한 채 예측한 결과가 나왔다고 스스로 긍정하게 된다. 이 같은 논리를 순환 논리라고 한다. 자신이 가진 전제 안에서 벗어나지 못한 채 결정하고 그것을 수용하는 것이다.

여기서 한 가지 궁금증이 생긴다.

'짧은 반감기의 원소를 가지고 진화론적으로 오래되었다고 여기는 것들을 측정하면 어떤 결과가 나올까? 반대로 긴 반감기의 원소를 가지고 최근의 암석들을 측정하면 그 결과가 어떨까?'

이는 참으로 훌륭한 검증 방법이 될 것이다. 이에 관해 이미 여러 지질학자들이 시도해 왔다. 그 결과는 지질시대표에서 전제한 나이와 상관없이 젊은 반감기를 가진 원소들로 측정하면 젊은 연대를, 긴 반감기를 가진 원소들로 측정하면 오랜 연대를 얻는다는 사실을 보여 준다.

예를 들어, 짧은 반감기인 탄소를 가지고 진화론자들이 수백만 년에서 수십억 년이라고 추정하는 화석이나 탄소를 함유한 광물을 분석해 보면, 아직 충분한 ^{14}C가 남아 있어서 언제나 수천 또는 수만 년의 젊은 연대를 보여 준다는 것이다. 반면에 수십억 년의 긴 반감기를 가진 원소로 최근 폭발한 화산의 암석을 측정하면 수천만 년 이상의 긴 연대를 보여 준다.

이런 결과들이 나타내는 것은 무엇인가? 앞에서 밝힌 두 전제 모두를 부인하는 것이다. 진화론자들이 이미 전제하고 있던 기존 지질시대표의 연대가 틀렸다는 뜻이며, 더불어 방사성 연대 측정 원리 자체에 심각한 문제가 있다는 것이다.

여기서 한 가지를 짚고 넘어가야 한다. ^{14}C 방법은 탄소가 함유된 유기물이 측정 대상이다. 그러나 앞에서 언급했듯이 ^{14}C 방법은 ^{14}C의 짧은 반감기 때문에 수십만 년 이상 오래된 것들은 측정 대상에서 제외되어 왔다. 그런 긴 시간이면, ^{14}C가 모두 붕괴되어 화석에 남아 있을 수 없다는 생각 때문이었다. 그러므로 지질시대표 상에 진화 순서대로 놓여 있는 수천만에서 수억 년 되었다는 화석의 나이는 그 화석들을 직접 측정하여 얻은 것이 아님을 알 수 있다. 단지 진화 역사에 관한 신뢰로 화석을 순서대로 모아 측정도 하지 않은 채 연대를 결정해 버린 것이다!

지질시대표에 적힌 연대와 일치하는 것만 발표한다

방사성 연대 측정법은 시작부터 존재하지도 않는 지질시대라는 전제하에 출발했을 뿐만 아니라 실제로 측정 방법 자체에도 심각한 가정들이 있기 때문에 측정 결과들이 자신들이 기대하는 수치와 일치하는 경우는 참으로 드물다.

일치하지 않은 결과들은 어떻게 처리할까? 대부분 논문에 수록되지 않은 채 실험실에서 사라져 버린다. 그리고 지질시대표에 적힌 수치와 근접한 결과만이 발표되며, 대부분은 지질시대표와 일치하는 결과를 얻을 때까지 반복적으로 시도하게 된다. 이것 역시 지질시대표의 연대가 옳다는 전제하에 선택적으로 사용하는 전형적인 순환논리다.

이런 이야기를 들으면, '왜 측정한 대로 발표하면 안 되나요?' 하고 묻고 싶을 것이다. 그러나 이는 현대 지질학계를 잘 이해하지 못해서 하는 말이다. 지질학계에는 수십억 년의 지질시대라는 전제가 너무나도 견고히 깔려 있기 때문에 그와 어긋나는 연대를 갖고 연구하기란 어렵다. 학술지에 채택되기가 불가능에 가깝기 때문이다.

지질시대표와 불일치하는 수치를 얻은 경우에 논문 저자는 둘 중에 한 가지를 택해야 한다. 자기 데이터가 옳다고 자신하며 기존 지질시대표 연대에 심각한 문제가 있노라고 설득력 있게 논문을 쓰든가(엄청나게 방대한 논문이 될 것이다), 아니면 지질시대표에 일치하는 수치가 나올 때까지 측정을 반복해야 한다.

지질학자들은 지질시대표의 연대를 반박하는 논문은 채택되기가 현실적으로 불가능하다는 것을 잘 알기 때문에 거의 모두 후자를 택한다. 이런 선택은 지질시대표에 관한 신뢰가 보편화되어 있는 지질학계뿐 아니라 논문 저자 역시 자신의 측정치보다 지질시대표를 더 신뢰함으로써 겪는 슬픈 현실이다.

기존 지질시대표와 일치하지 않는 숫자가 나왔을 때 실험실에서는 이것은 원인 모를 오염의 결과일 것이라며 자료값 폐기 이유를 정당화한다. 실제로 샘플의 연대가 왜 서로 일치하지 않는지 그 원인을 파악하는 것은 불가능에 가깝다. 왜냐하면 지질학자들이 가진 데이터란 샘플 속에 남아 있는 원소의 양뿐이기 때문이다.

예를 들어, 유기물에 남은 것은 ^{14}C뿐이며, 용암에 남은 것은 Ar뿐이다. 이 원소는 과거에 어떤 일이 있었는지를 말해 주지 않으며 단지 남은 양만 보여 줄 뿐이다. 지질학자들은 초깃값도 모르며, 긴 시간 동안 원소가 얼마나 손실되었는지도 모른 채 남아 있는 양만을 가지고 연대를 추측할 뿐이다. 남은 양을 가지고 계산한 수치 가운데 학계에 일반화된 패러다임에 맞는 것만을 선택한다.

만약 어떤 지질학자가 단 한 번의 측정으로 지질시대표의 수치와 일치하는 결과를 얻었다면 어떻게 될까? 그는 참으로 기뻐할 것이다. 그리고 다시 측정할 필요도 없다고 할 것이다. 그러나 기존 연대와 일치하지 않는 샘플에 대해서는 오염되었다고 판단하고 폐기할 것이다.

그렇다면 어떻게 지질시대표와 일치하는 샘플만이 오염되지 않았다고 장담할 수 있을까? 이것 역시 지질시대표를 신뢰하는 전제하에서 선택하는 전형적인 순환논리다!

논문에 발표되기 이전까지 존재하는 이런 숨겨진 사실을 모른 채 전공자나 비전공자나, 과학자나 비과학자나 단지 논문에 실린 숫자만 본다. 그래서 방사성 연대 측정이 지질시대표의 연대를 지지한다고 오해하는 것이다. 더군다나 최근 들어 지질시대표의 시대가 더욱 세분화되고, 그만큼 연대도 더 잘게 나뉘고 있다.

예를 들어, 그동안 고생대 캄브리아기는 5억 4,000만~4억 8,500만 년에 해당하는 하나의 기간으로 구분되어 왔지만, 지금은 열 개 단계 (stage)로 잘게 나뉨으로써 연대도 그만큼 더 세밀해졌다.

현생이언	고생대	캄브리아기	통	조	(백만 년 전)
			4통	10조	488.3
				9조	492
				8조	496
			3통	7조	499
				6조	503
				5조	506.5
			2통	4조	510
				3조	515
			1통	2조	521
				1조	528
					542.0

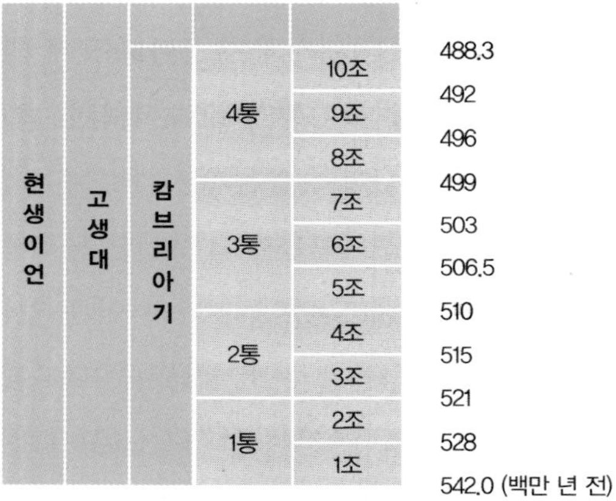

〈더 잘게 나뉜 캄브리아기〉

이 표에서 이언(eon), 대(era), 기(system), 통(Series), 조(Stage)는 지질학자들이 시대를 구분하는 단위이다. 1통은 Terreneuvian. 4통 은 Furongian. 1조는 Fortunian. 6조는 Drumian. 7조는 Guzhangian. 8조는 Paibian. 9조는 Jiangshania으로 부르기도 한다.

지질시대를 잘게 나누었기 때문에 측정 결과가 연대와 일치하기는 더욱 어려울 것이다. 그만큼 버려지는 데이터가 점점 더 많아질 것이다. 이것은 연대 측정법 기술이 덜 발달해서가 아니라 지질시대표 자체가 지구가 겪었던 실제 역사가 아니기 때문이다.

실험과학에서 역사과학으로 전환될 때 사고의 비약이 드러난다. 암석에서 원소의 양을 측정하는 방법은 실험과학의 영역이다. 이는 측정

기술이 보완되면서 발달할 수 있다. 실험과학에는 역사관이나 세계관이 별로 영향을 주지 않는다.

그러나 원소의 양을 가지고 암석이 어떤 과정과 기간을 통해 현재의 양만 남게 되었는지를 결정하는 것은 역사과학이다. 여기에는 자기 역사관, 세계관, 편견이 동원된다. 오늘날에는 실험과학과 역사과학을 별 구분 없이 과학이란 이름으로 한데 묶어서 다루기 때문에 이를 실행하는 과학자나 비과학자 모두가 혼란을 겪게 되는 것이다.

직접 측정하지 않는 화석과 퇴적 지층

앞서 언급한 것처럼 ^{14}C 방법은 측정 대상이 탄소를 함유한 유기물이며 짧은 반감기를 갖고 있기 때문에 지질학자들은 수천만에서 수십억 년 되었다고 여기는 화석을 ^{14}C로 측정하지 않는다. 또한 긴 반감기를 가진 Rb, U, K 측정 방법은 기본적으로 용암과 관련된 화성암이 측정의 대상이기 때문에 이 방법으로 퇴적 지층의 연대를 측정하지 않는다.

그런데 지질학자들은 일차적으로 퇴적 지층을 가지고 지질시대를 구분한다. 퇴적 지층의 연대를 알기 위해서는 다른 방법을 사용해 왔는데 바로 상대적인 관계를 이용하는 방법이다. 그러나 야외에서 퇴적 지층과 화성암의 관계가 명확히 구분되는 곳을 찾기는 쉽지 않을 뿐더러 이런 관계가 절대 연대를 말하는 것도 아니다.

결국 임의로 정한 화석 진화 순서에 따라 지층 순서가 매겨지고, 그에 따라 지층 연대를 임의로 결정해 왔던 것이다. 그 후에 방사성 동위원소로 측정한 연대를 선택적으로 적용하여 순환논리의 문제점을 가려왔다.

방사성 연대 측정법에 숨은 문제점들은 언급된 예만 있는 것이 아니다. 표준화석, 지층의 형성, 연대 측정의 기본 가정 등 반증을 거부하는 수많은 전제와 편견이 숨어 있다. 대부분의 지질학자들은 이런 문제점들을 인정한다. 그러나 이것을 그다지 문제 삼지 않는 것이 더 큰 문제다. 문제들에 관해 별 고민도 하지 않는 이유는 지질시대라는 거대 전제에 동의하는 것이 더 중요하다고 생각하기 때문이다.

이것은 지질학자나 다른 과학자들을 폄하하고자 하는 이야기가 아니다. 현대 지질학이 지질시대표라는 그릇된 기준 속에서 쳇바퀴를 돌고 있으며 그 전제에서 벗어나기가 참으로 어렵다는 것을 지적하고 싶다.